JLA 図書館実践シリーズ 49

県立図書館長から はじまる 図書館探究

鈴木善彦 著

日本図書館協会

The Raison d'être and Challenges of Libraries: What I Learned after

Becoming a Director of Prefectural Library

(JLA Monograph Series for Library Practitioners ; 49)

県立図書館長からはじまる図書館探究 / 鈴木善彦著
東京 : 日本図書館協会, 2025
viii, 176 p ; 19 cm
(JLA 図書館実践シリーズ ; 49)
ISBN 978-4-8204-2414-7

機器種別: 機器不用
キャリア種別: 冊子
表現種別: テキスト
表現形の言語: 日本語
著作の優先タイトル: 県立図書館長からはじまる図書館探究 || ケンリツ
トショカンチョウ カラ ハジマル トショカン タンキュウ
創作者: 鈴木, 善彦 || スズキ, ヨシヒコ
BSH4: 図書館（公共）
NDC10: 016.2

まえがき

「山路を登りながら，こう考えた」，との書き出しで人間のいろいろな思考パターンを綴る名作があった気がするが，私の場合は坂道を登りながらいつも同じことを考えていた。

「あーあ，今日も図書館に行くのか」と。

静岡県立中央図書館長として転勤を命じられ，JR 草薙駅から 1km 余の坂道を登る行程が 1998 年 4 月からの私の通勤路となった。勾配の途中には茶畑や住宅，県立の大学もあり，木立に入るとようやく古びた図書館が見え始める。変化に富んだいいコースと言う人もいるにはいたが，私にはひどく難儀な道に思えた。

それまでは千人近くの生徒が集う高校の校長として勤務していた。早春の入学式から始まり，授業の開始，夏のプール，高校野球応援，秋には文化祭に修学旅行，大学受験の悲喜交々，気がつくと卒業式，そこにはいつも生徒たちの会話や歓声，汗や涙があり，それぞれに私たち教職員は共感した。

ところが今は薄暗い建物の中，何万冊もの本に囲まれて静かに読書する人たちと小声で働く職員がいるのみ。生徒たちの姿はどこにもなく，たまに利用者と職員の会話はあるが，歓声はない。

そこを目指して坂道を登る。「あーあ，今日も図書館に行くのか」と。

ところが，である。人生は想定外の変化を見せる。そんな私が，県立図書館長からはじまり，以降，県教育長や図書館協議会長などを経ながら 25 年間も図書館や読書にかかわり，静岡県内 73 市町村の図書館を訪問したり，「読書県しずおか」を提唱して県内全小・中学校での「読書タイム」を実施したり，さらには，図書館空白地域に立ち上がった市民とともに，図書館建設を目指すための協議にかかわることとなり，2 館の誕生に立ち会ったりする。そして，あれほど苦痛に感じた図書館への坂道が，心地よい道となっている。

この本はそうした経緯を辿りながら，図書館の存在意義や図書館をめぐる課題への探究アプローチを，そして，図書館の現在と未来などを綴る。まだ図書館を利用されていない方々も含め，読書や図書館に関心のある方々に贈るエールの書とも言えようか。

2024 年 7 月 5 日

著者記す

目 次

まえがき　　iii

●1章●　図書館の発見 ……………………………………… 1

1.1　赴任の驚き，「転職」　1
（1）県立図書館長への転勤　1
（2）県立図書館の歴史　2
（3）県立図書館の基本方針と組織　5
（4）新米図書館長のスタート　8

1.2　図書館を学ぶ　9
（1）司書資格の取得　9
（2）県内市町村立図書館への訪問　12
（3）静岡県内市町村立図書館の状況　13
（4）県内全市町村立図書館めぐり開始　17
（5）市町村立図書館への職員派遣研修の試み　19

1.3　「図書館の発見」　21
（1）生活・生存を保障する図書館―龍山村立図書館　21
（2）住民生活に密着した情報センター―佐久間町立図書館　23
（3）先駆的な改革に取り組む図書館―細江町立図書館　25
（4）子どもたちの「ただいま！」が響く図書館
　　―竜洋町立図書館　26
（5）利用者の近くに出向く図書館―南伊豆町立図書館　28
（6）ビジネスをサポートする図書館―静岡市立御幸町図書館　29
（7）図書館を発見し，支援する　30
（8）素人館長としての学び　31

1.4　移住者からの手紙　32

目次………v

目 次

●2章● 県立図書館の使命と実践 ································· 35

2.1 県立図書館の存在意義　35

2.2 市町村立図書館への支援体制・実践例と
新館建設支援　37

（1）市町村立図書館間の格差　37

（2）市町村立図書館支援の実際　39

（3）市町村支援としてのレファレンスサービス　40

（4）県立図書館と市町村立図書館との協働　42

（5）図書館建設の支援　43

（6）市町村立図書館建設支援の意義　49

2.3 図書館ネットワークの構築　50

（1）「おうだんくん」　50

（2）静岡県図書館大会　52

（3）静岡県図書館大会の概況と効用　53

2.4 公共図書館の指針として——図書館職員と法令　56

（1）法令遵守の姿勢　56

（2）法体系と図書館　57

2.5 内外の図書館視察に学ぶ　59

（1）県外の図書館訪問　60

（2）海外の図書館訪問　62

●3章● 県立図書館の危機と改革 ································· 64

3.1 県立図書館の危機　64

3.2 県立図書館の改革と資料費の確保　65

（1）図書館協議会への情報開示　66

（2）新たな図書館協議会のスタート　69

（3）県立図書館のサービス展開　70

c o n t e n t s

　　（4）　危機が招いた職員の意識改革　72
　　（5）　市民からの図書館支援活動　73
　　（6）　資料費確保の近道　74

3.3　2世紀をまたいだ県立図書館長勤務　75
　　（1）　世紀をまたぐ動き①——子ども読書活動の振興　76
　　（2）　世紀をまたぐ動き②——民営化問題　79

●4章●　図書館支援の継続　県教育長，図書館協議会長，子ども読書活動推進委員長として ……………………… 81

4.1　県教育長の仕事と図書館　81
　　（1）　県教育長の仕事と図書館行政　81
　　（2）　知事への直訴：司書の公募採用　82

4.2　「読書県しずおか」構想と実践　84
　　（1）　「ゆとり教育」と「確かな学力育成会議」の発足　84
　　（2）　「読書県しずおか」構想と実践　86
　　（3）　「学校図書館担当指導主事」の配置　90

4.3　公共図書館への支援　94
　　（1）　「子ども図書研究室」の開設と活用　94
　　（2）　静岡の図書館発信　97
　　（3）　「図書館政策と経営」の講師として　99
　　（4）　静岡市立図書館の「指定管理者制度問題」　101

4.4　島田市の「子ども読書活動推進計画」策定作業　104
　　（1）　委員会構成の大切さ　104
　　（2）　子どもたちのための計画策定を　106
　　（3）　計画の成果と今後　108

4.5　牧之原市の図書館協議会活動と図書館建設　112
　　（1）　図書館空白地域の解消と牧之原市　113

目次………vii

目 次

- （2） 市民による図書館構想・「7つの提言」 115
- （3） 牧之原市図書館協議会のスタート 116
- （4） 「牧之原市立図書館基本計画」の策定 119
- （5） 図書館設置に向けて 123
- （6） 「いこっと」の開館へ 126
- （7） 「民と官」，市民と行政の協働が生み出す「私たちの図書館」 129
- （8） 「平成の大合併」と県内図書館の配置状況 131

●5章● 図書館の未来 ··· 134

- 5.1 教え子たちと図書館 134
- 5.2 デジタル化と読書・図書館 136
- 5.3 図書館の持続可能性 141
- 5.4 図書館運営論と「新静岡県立図書館構想」への期待 143
  - （1） 図書館運営論 143
  - （2） 「新県立図書館構想」への期待 147

あとがき 154

資料編 157
事項索引 172

文中のスケッチは著者による

1章 図書館の発見

1.1 赴任の驚き，「転職」

（1） 県立図書館長への転勤

1998 年 4 月，私は静岡県立磐田西高等学校長から静岡県立中央図書館長への転勤を命ぜられた。

遡っていえば，1969 年，大学を卒業して静岡県の高校社会科教諭として採用されて以来，3 校に勤務して 18 年，その後，教育委員会の勤務を経て，校長として念願の学校勤務へ復帰した。学校こそわが職場と信じていた私にとって，学校への復帰は水を得た魚，望郷がかなったともいえ，居心地もよくやりがいも感じた。毎朝，定時出勤が待ちきれず登校し，体育館やグラウンドで早朝練習する運動部の生徒たちの活動を見るのが日課となった。

そんな私にとって，県立図書館への人事異動はまさに「転職」にも値するものだった。静岡県では，県立図書館長への赴任はこれまでもほぼ高校長が当てられてきたとはいえ，故郷への帰還はわずか 2 年，第一，生徒の姿や声がない，あるのは何十万冊という本である。職員には申し訳ないが，これは寂しい景色と感じた。それに，館長ともなれば図書館の運営や改革を担うとともに，静岡県図書館協会長として県内 100 図書館をリードする立場だけに，その責務も半端ではない。

しかし，ない袖は振れない。図書館に関する知識はなく，ましてや，図書館運営や図書館政策を論じることなどまったくといってよいほどできない。ソクラテスではないが「無知の知」はいやでも自覚した。

関係機関への着任あいさつや市町村立図書館長の会議では，正直にそのことを話した。「図書館についてはまったくの素人ですが，よろしくお願いします。」恥ずかしいあいさつだが本当だった。そんなあいさつを聞いた職員や市町村の館長がどう思うか，それを想像する余裕すらなかった。

県立図書館への坂道，最短 1km が時にそれを大きくオーバーした。公園をめぐったり，忘れ物のボールを蹴ったり，木立に入って木々を仰いだり，なかなか目的地に着かない日もあった。そうした朝の鈍足に対し，帰りは坂道を転がるように足取りも軽かった。

図書館に赴任して間もなく，校長をしていた高校の生徒たちが訪ねてきてくれた。やはり，坂道を登って来たが，息を切らしながら館長室でこう言った。

「先生は何か悪いことをしたので，こんなところに飛ばされたのですか？」

私は返す言葉がなかった。

(2) 県立図書館の歴史

この県立図書館は歴史的にも大変な由緒がある。静岡県立中央図書館発行の館報『葵』40 号（2006 年 5 月）を参照しながらその歴史の概略をたどってみよう。

1867（慶応 3）年の大政奉還後，15 代将軍徳川慶喜が幕臣とともに旧幕府所蔵の貴重書を携えて駿府，静岡の地に下野

してきたことが，後に県立図書館とかかわってくる。なんと，県立図書館の歴史は慶喜公にまで遡る図書館なのか。

　また，1886（明治19）年，第3代県令関口隆吉氏が自身の蔵書を元に久能山に図書館を設立せんとし，氏は志半ばで不慮の事故に遭い実現はしなかったが，後に「久能文庫」として成就した。この動きも後に県立図書館とかかわる。

　1910（明治43）年には静岡県教育会附設図書館が静岡市城内に設立されるなど，県立図書館建設の機運が高まってくる。

　大正時代を迎え，歴代知事は当地と深い縁を持つ徳川家の記念事業として県立図書館「葵文庫」の設立に向けて動き出す。この名称はもちろん徳川家の記念事業としての図書館建設とかかわり，旧幕府の蔵書が加えられたことなどによる。

　　「かくして，大正14年4月1日，静岡県立葵文庫は開館した。当時蔵書は静岡師範学校より移管された『厚生新編』の稿本をはじめ，幕府の蕃書調所（後に洋書調所・開成所と改称），昌平坂学問所，林家旧蔵の和漢洋の図書3,887冊，静岡中学で所蔵していた和漢洋書3,614冊，県教育会附設図書館の蔵書，さらに関口隆吉氏の久能文庫の他，寄贈されたものに新たに購入した約3千冊を加え2万2千冊で，職員は文庫長以下16名であった。」（『葵』40号，p.24〜25）

　「葵文庫」は戦前，戦後の歴史を経て，その間には，戦時体制下の思想統制や空襲により蔵書の一部を焼失するなどの苦難を含むが，存続を保つ。1963（昭和38）年，県が教育文化の振興を重点に据える「県文化センター」構想の建設を目指すための計画策定に着手することにより新たな転機を迎え

る。静岡市谷田の地に図書館をはじめ，美術館，体育館など
が集結し，互いに連携して複合的に文化の恩恵を県民に届け
んとする計画であった。

　このうちの図書館は，「昭和42年9月，県会において議決
を得，12月着工。昭和44年50万冊収蔵可能な書庫をはじめ，
視聴覚モデルルーム，レクチャールーム，その他各種集会室
をもつ鉄筋コンクリート地上3階，地下1階，延面積8,056
平方メートルの新図書館が完成した。総工費は4億8,500万
円であった」とある。

　そして，この新図書館は「葵文庫」改め，「静岡県立中央
図書館」と命名された。以後，県立中央図書館は今日まで谷
田の地に営々と建ち続ける。

　館長は「静岡県立葵文庫」初代館長，貞松修蔵氏から数え
て私まで25代となる。館長室の壁にかかる扁額「葵文庫」は，
16代当主徳川家達公の書という。端正な書体で実に見事。か
くして，実に身のすくむような重厚な歴史を有した図書館で
あることを改めて実感する。はたして，私で大丈夫か。

　職員に案内されて，厳重に管理された貴重書庫に入った時
の感慨は忘れられない。

　温度，湿度，照度が一定に保たれた書庫には書籍が整然と
書架に並び，古書独特の匂いを放ちながら私を迎えてくれた。
書籍の背表紙からのぞく文字には漢字をはじめ，英語あり，
オランダ語，ドイツ語と多言語が並んで東西文明の遺産を目
の当たりにする。鎖国の江戸時代にあって，幕府が旺盛に海
外の文化に接していたことを実感する。また，和書では，山
梨稲川関連書籍や『駿府風土記』など，勝海舟，伊藤博文，
木戸孝充等の書簡も並ぶ。

旧「葵文庫」からはモンテスキュー『法の精神』や『世界四大陸洲新地図帳』,『蘭仏辞典』などが目に飛び込む。こちらの和書の書架にはあの『学問ノススメ』,『西国立志編』,『西洋事情』などが並ぶが,明治維新,文明開化を先導した名著群だ。興奮しながら高校の社会科授業で扱ったことを思い出す。

数千冊の貴重書を前に,改めて県立中央図書館の持つ歴史的,文化的な遺産の重みにすっかり圧倒されてしまった。世界の文明史を目の当たりにした思いだった。

(3) 県立図書館の基本方針と組織

職員からのヒアリングと資料から,県立中央図書館の基本方針と組織を学ぶ。

「基本方針」

◇　県民の生涯学習の拠点としての図書館

◇　市町村立図書館のための図書館

◇　資料情報センターとしての図書館

三方針からは,とても明瞭でシンプルな印象を受けた。県立図書館として,いずれも重要な方針と感じる。

ただ,「県民の生涯学習の拠点」とあるが,当館が自ら拠点活動をするのか,また,拠点としてどのような活動,サービスを展開するのか見えてこない。「市町村立図書館のための」についても県立図書館の立場は理解できるが,そのための活動が見えない。少し物足りない感もあったが,方針としては一応の納得はできた。

この方針のもとに事業体系が整えられていることを知り,さらに納得につながった。事業があってこその方針といえ,

じっくりと事業内容を勉強しなければならない。

　県立図書館にふさわしい組織も整っている。

　館長，副館長の下，4つの課と「歴史文化情報センター」を擁する。平成10年度の組織図を示す。

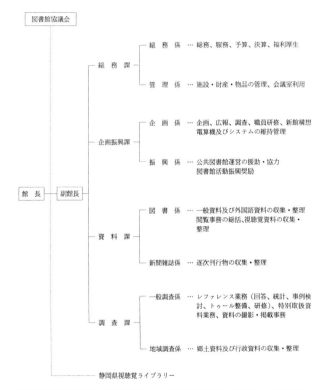

県立図書館組織図（『静岡県立中央図書館要覧（平成10年度)』）

　組織は4課8係1センターからなり，それぞれの係が具体的な業務を担い，年間の計画に従って仕事に専念をしている

（業務内容は資料編 p.158 参照）。

　職員は例年ほぼ35人で，事務職員，司書，指導主事等からなる。指導主事は高校の教員が担い，人事異動の一環として国語や社会科の教員が各課に数名ずつ配置されている。私の着任時には教員出身が全体の3分の1，15人もいた。各高校から気鋭の中堅教員が集められている。

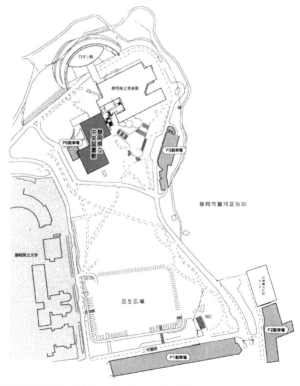

図書館配置図（『葵』58号（令和6年度））

1章　図書館の発見………7

指導主事を配置してきた理由として，後述する「二線図書館」を支えるべく専門職の司書に加えて教科専門性を有する高校教員が当たられてきたとの説明を受けた。

　三本柱の基本方針がこの組織によって具現化されているとのことで，館長としてこの組織の活動をきちんと検証していかなくてはならない。組織が機能してこそ館としてのアウトプット，良質の図書館サービスを生み出すことになる。組織への点検と評価，これも館長として大事な仕事だ。

　改めて図書館の配置図を示そう（前ページ）。JR 草薙駅の南方，駅から約 1km 余の地，「県文化センター」の一角に県立中央図書館と県立美術館，静岡県立大学が並ぶ。まさに本県文化の拠点がそれぞれ存在感を放って居並ぶ。

（4）　新米図書館長のスタート

　県立図書館の概況は見えてきたが，新米館長の日々は円滑には程遠かった。

　館長室に入れば職員が次々に決裁や判断を求めてやってくる。予算の執行についても妥当性がわからない。購入する資料が果たして県立図書館にふさわしいものなのかどうか，「協力車」のコースと頻度，搬送計画の是非についてもどうか，振興係の市町村支援のテーマや支援策の是非はどうか，などの決裁は職員から説明を聞いても自信をもって判断はできない（ちなみに 2005（平成 17）年 7 月 1 日，「平成の大合併」で龍山村が浜松市に併合されて「村」は県内になくなった）。決裁の時間は館長の質疑時間だった。まさに，悪戦苦闘の日々。

　それで，隙間があれば部屋を出て館内を巡回することにした。書架と書庫に有する蔵書数は 50 万冊を超え，背表紙を見

ていると県立図書館にふさわしく，かなりの専門書が配架されている。どうやら，分類のルールに則って配架されているようだが，その分類法はわからない。

閲覧室や事務室を歩けば職員は，「レファレンス」とか「主題別分類」，「総合目録」などと皆目わからない語句を並べて仕事に励んでいる。

やはり，大変な職場に来てしまった。館内を回りながら，またそう思えてしまった。

1.2 図書館を学ぶ

(1) 司書資格の取得

泣き言を言っても始まらない。

ここが自分の職場である以上，しかも，館の運営や70以上の市町村立図書館を支援・リードする立場にいるからには，なんとしても求められている任務を果たさなければならない。そのために大事なことは勉強である。図書館を学ぶことだ，そう自分に言い聞かせた。

幸い，館内には「図書館の歴史」，「図書館経営論」，「図書館の政策と法規」，「資料整理論」といった本が山ほどある。次々に読みだした。わからない部分は司書の職員に質問をした。考えれば，これ以上の学ぶ場所はない。本もあり先生もいる贅沢な環境である。

しかし，図書館に関する本を乱読していてもいったい何が身についたのか，どのレベルに自分がいるのかわからない。本の海に飲み込まれそうな気がしてきた。

実は，私の図書館赴任前，つまり，1990年代後半，「図書

1章　図書館の発見⋯⋯⋯9

館法」の改正が国会を含め国内で激しく議論されていた。その中心テーマは，「館長の司書資格」に関する議論であった。図書館を率いる館長こそ司書資格を有して，図書館の専門職として職員を指揮し利用者サービスをリードすべきであるという理屈だ。その一方で，いわゆる「規制緩和」の時流の中，1999 年，「地方自治法」と「図書館法」が改正され，国庫補助金の要件である館長の司書有資格の規定が外されて資格の有無は各自治体の判断に委ねられた。図書館長になる者が必ずしも司書資格を有していなくてもよい，広く人材を登用して斬新な発想で図書館経営に当たるべきだ，という流れが優位になっていた。もちろん，館の運営を担う図書館長には専門職たる「司書資格」を有して資料や図書館サービスについての理解している者が就くべきだ，というまっとうな意見も根強くあった。

素人の私にはその是非についての判断がつかなかった。

そこで，図書館の勉強ついでに司書資格の取得に挑もうと考えた。どちらがふさわしいか，確かめてみよう。第一，目標があったほうが勉強にも励むことができる。

さっそく，近畿大学司書課程の通信教育を受講する手続きを取った。かくして 1999 年，私は 55 歳で大学生になった。20 世紀最後のチャレンジである。

勉強は図書館を避けた。そこは勤務場所，たまに読書するのはよいとして，日常の館長業務に支障があってはならない。それに，図書館の職員に司書資格の勉強をしていることを知られたくはなかった。なにより，落ちたら恥ずかしい。

それで，出勤前の早朝，家で机に向かった。大学受験以来の朝勉を開始した。10 数科目，スクーリングの教科書を読み，

レポート作成に専念をした。高校の教員として生徒たちには
さんざん試験を課したり，レポートを作成させたりしてきた
が，この年になって，自分が受ける側になるとは思いもよら
なかった。第一，固い頭での勉学はなかなか大変であった。

　中でも，「児童サービス論」は単位が取りにくい科目と聞
いていたが，実際，二度も不合格。赤字でびっしりと至らな
い点を記されてレポートが返却されてくるとこたえたが，見
えない先生の熱意が伝わってきた。「図書館レポート」作成
のために吉田町立図書館に通い，見聞を重ねた。障がい者に
配慮した施設やサービス，開館１年で人口の40％を超す利用
者登録率の実績，それが町民の自治意識を醸成した経緯など
をレポートし，ここでも先生の赤ペンが熱い言葉を綴ってく
れた。結びに「とてもいいレポートです」，褒められること
はいくつになってもうれしかった。

　また，東京でのスクーリング授業は大半が若者で気後れし
たが，講義もテンポが速く，ついていくのは困難を極めた。
まして，知識や経験の乏しい私にとって，講義直後の「資料
組織論」試験は地獄の苦しみともいえた。手が震えて字にな
らず，自分の力不足と小心さが情けなかった。

　大苦労もしたが，１年半を要した末，司書資格を何とか手
に入れることができた。免状を手にしたときは，快哉を叫ぶ
ほどの気持ち，そういってもよいほどの感激だった。館長と
して「司書資格」を手にすることができた。率直にうれしかっ
た。職員の年末慰労会の際に，あいさつに混ぜて司書資格が
取れたことを控えめに述べたら職員が拍手をしてくれた。こ
れも実にうれしかった。ようやく，図書館員の仲間に入れて
もらえたような気になった。

1章　図書館の発見………11

司書という資格を取れただけでなく，図書館について幅広く学び，体系的に理解が進んだことは大きな収穫であった。館内の景色が今までと違って見えてきた。職員との距離も近くなった。やはり，図書館長の職務を遂行するうえでもこれは大きな自信にもなった。司書資格は必須とまではいわないが，取得する意義は確かにある。

ただし，その後の勤務を含め，館長勤務4年間にサービスカウンターに立って来館者に対応することはなかった。洗練された利用者の前に立つことを躊躇したからだ。資格を有したくらいで窓口をこなせる甘い仕事ではない。書籍を知り，分類を知り，利用者を知り，職員の窓口対応は笑顔に見えて専門職の真剣勝負，まさに司書という仕事の奥深さを改めて感じた。

(2) 県内市町村立図書館への訪問

図書館を学んだ方法として，もう一つ触れなければならない。それは，市町村立図書館めぐりである。

県立図書館を運営するうえで，市町村立図書館を支援することは重点施策といえる。特に，県立図書館ならではの蔵書資料を市町村立図書館に貸出したり，市町村間で相互貸借する資料を協力車で搬送したりする。この県立図書館の資料搬送に係る振興業務は市町村支援として重要である。また，各図書館が抱える諸課題，例えば，職員の研修，配架や閲覧の方法，時には，図書館の建設やリニューアルなどに対し，県立図書館職員が相談に乗り，助言することも重要である。

市町村立図書館は県民サービスの最前線といえる。こうした点から，県立図書館の職員が市町村立図書館に出向き，最

前線で何が行われ，何に困っているか，課題は何か，そういったことを把握する必要性が県立図書館にはあるはずだ。

　企画振興課振興係職員の報告は「あの図書館は最近活気がある」，「貸出も伸びている」，などから始まり，「こんなサービス展開を始めた」とか，「あの司書の受付対応がいい」，などと常に現場感覚にあふれている。もちろん，資料の少ないことや高齢化で利用が低迷していることなどの課題も含まれていた。県立図書館の中だけで職員の業務を見てきた私には，こうした報告を受けるたび，市町村立図書館にこそ図書館を学ぶべき何かがある，原点のようなものが見つかるかもしれない，探究心はふくらむばかりであった。

　それに，県立図書館の任務の一つには，先にも挙げた市町村立図書館の支援ということがある。この任務を正しく遂行するためには，担当職員のみならず館長自ら市町村立図書館の実態を自分自身で見聞することの意義はある，こう考えることに迷いはなかった。

　そこで，私は当時の73市町村立図書館を県立図書館の協力車に乗ってすべて回ることとした。1998年，初夏の決意だ。

　勤務や会議の合間を縫っての，さらに，振興係が運転する協力車の運行計画に沿っての巡回で日程の調整を要した。それなりに時間もかかる試みとわかった。しかし，何としてもやってみたい。

(3)　静岡県内市町村立図書館の状況

　静岡県内市町村の図書館配置と，当時の振興係の運行状況を表してみる。

　配置図と図表からも明らかなように，静岡県は特に東西に

1章　図書館の発見………13

長く73市町村（2000年3月現在）に図書館が配置されている。そのうち，図書館設置条例による図書館は市で21，町村で30の計51市町村である。他方，条例未制定は23町村（うち施設なしが1）で31％に及ぶ。特に，大井川流域や富士川流域，伊豆半島に条例未制定が多く，県立図書館振興係としても重点的にその地域への改善を促していた。改善に向けて一番のネックは自治体としての体力，財政的理由があり，粘り強い啓発が求められた。

市町村立図書館設置状況

（平成12年3月現在）

内　　　訳	市	町村	計	
条例制定　　図書館	21	30	51	分　館 … 19
条例未制定　公民館図書室・同種施設	0	22	22	
施設なし	0	1	1	
小　　　計	21	53	74	

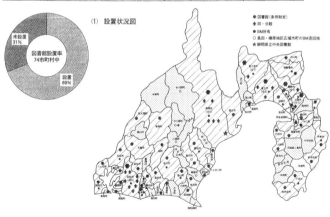

静岡県の図書館
配置図
（『静岡県公共図書館の現況（平成11年度）』）

ここで条例未制定の問題点を「図書館法」で確認してみたい。

○　図書館法第 10 条

　　公立図書館の設置に関する事項は，当該図書館を設置する地方公共団体の条例で定めなければならない。

○　図書館法第 16 条

　　図書館協議会の設置，その委員の任命の基準，定数及び任期その他図書館協議会に関し必要な事項については，当該図書館を設置する地方公共団体の条例で定めなければならない。

とあるように，図書館の設置や協議会の運営等については条例で定めるように規定されている。つまり，市や町が条例により図書館を認知して初めて正規の図書館となる。その認知により，市や町が図書館の運営や住民サービスに責任を持つことになる。財政負担も覚悟する。住民の側からすれば，図書館が条例化されていることにより，自治体が望ましい施設やサービスに責任を持ち，それらを享受できることになる。また，図書館協議会の設置によっても住民の願う意見が反映されやすくなる。

　したがって，図書館が条例化されているか，未制定なのかはきわめて重要である。県立図書館が条例化に向けて力を尽くすのもこうした理由からである。

　次に，平成 11 年度の振興係による協力車の運行状況等を，『葵』34 号（2000 年 3 月）により示せば次ページのようである。

　表のアとイから明らかなように，訪問や運行の状況は年間を通し活発で，市町村立図書館を中心に毎週と隔週により，

1 章　図書館の発見………15

延べ200日以上にわたりコースごとに各館を回っている。ウとエでは資料の動きが示されているが、県立図書館の資料で県内図書館に提供された冊数は約5,000冊、協力車による搬送資料冊数は県立の資料と市町村の資料が近年までほぼ同数であったが、最近は市町村の資料数が増加している。

　これは、背景としてインターネット検索の普及や市町村間

ア．訪問館数

*毎週・隔週・要請訪問の区別は、協力貸出・相互貸借資料の実績を参考にした。（　）内は要請訪問館数。

	市	町　村	専　門	合　計
毎　　週	14 (0)	0 (0)	4 (4)	18 (4)
隔　　週	7 (2)	27 (15)	0 (0)	34 (17)
合　　計	21 (2)	27 (15)	4 (4)	52 (21)

イ．平成11年度協力車運行状況

コース名 （　）訪問館数	訪　問　回　数
静　清（5）	48
浜　名（8）	24
県　央（9）	24
磐　周（8）	24
岳　駿（6）	24
中西部（9）	23
東　部（7）	23
伊　豆（12）	23
合　　計	211日（延べ232日）

ウ．県立図書館から県内図書館(室)に提供した資料冊数

	県立資料
昭和63年度	759
平成元年度	1,066
平成2年度	1,150
平成3年度	1,265
平成4年度	1,186
平成5年度	1,709
平成6年度	2,059
平成7年度	2,120
平成8年度	2,913
平成9年度	3,772
平成10年度	5,033
平成11年度	4,981

エ．協力車による搬送資料冊数

	合計資料数	県立資料	市町村等資料
平成8年度	7,060	3,859	3,201
平成9年度	9,575	5,151	4,421
平成10年度	14,149	7,026	7,123
平成11年度	16,575	7,614	8,961

協力車　運行状況（『葵』34号、平成11年度）

のネットワークの促進があるように思う。今後まだまだこうした協力車による資料の搬送，相互貸借が増加していくと考えられる。

(4)　県内全市町村立図書館めぐり開始

　協力車での市町立図書館訪問は，いざ回りだすと，静岡県が実に広いことを改めて実感する。東は伊豆半島から西は佐久間町，湖西市まで，図書館訪問は予想以上に時間を要した。しかも，単に訪問するだけでは意味がなく，職員や利用者とできるだけ接して会話をする，また，館の内外を見て回る，できれば，図書館の存在する地域の環境や課題などを感じ取る，こういった訪問を心がけた。利用状況としても，来館者数や貸出冊数といった基本的な統計数値の実態だけでなく，いったいどんな本が貸し出されているか，利用者層はどうか，資料費は足りているか，など把握することも重要であった。特に，職員の悩みを聞く場合は心して相対した。何より，真摯に向き合うことが大切だ。

　館長としての市町村立図書館めぐりについて当時の日誌を再掲する。

「1998 年 5 月 1 日

　今日から 5 月。職員には，5 月を頑張りましょう，と各事業の確認を書いた館長だより『けやきメッセージ』を配布する。そして，この日は念願の協力車に同乗して初の市町村立図書館を巡る。袋井市立図書館から開始。やはり，現場ならではの貴重な収穫がある。特に，図書館の課題や各館の空気などをつかむことができた。」

「2000 年 1 月 25 日

　由比町と富士川町の，いわゆる図書館未設置町に出掛けて関係の人たちと会話を重ねた。

　由比町は複合施設的に図書室が児童館と隣接して在り，そのことを活用すれば，更に発展しそうに思えた。富士川町は既に図書館充実の方向性が十分あると見た。担当者の姿勢がいい。」

「2000 年 10 月 18 日

　仕事も一段落，浜名コースに出た。職員ドライバーの協力車に同乗。引佐町立図書館では聾障がい者の方と話し合う。細江町立図書館ではインターネットの導入状況，三ヶ日町立図書館では新館後の様子，とそれぞれ訪問目的もあり，とても貴重な一日となった。現場から目をそらさないリーダーでいたい。」

　かくして，73 市町村立図書館をすべて回りきるまでには 2 年近くという期間を要した。広い静岡県を東へ西へ，山にも町にも海辺にも図書館を目指して回った。広い静岡県内でも山と海岸線を走って回る「伊豆コース」はなかなかの難儀で，宿泊を伴い 2 日間で 9 館ほど訪問した。さすがに疲れたが各館の頑張りに励まされて回り終えた。

　一言で言って，図書館はすべて異なっていた。そのありようも同様に異なっていた。蔵書もサービスも，職員対応も違った。結果，私の図書館に対する見方が広く柔軟になった。実に貴重な経験であった。

　振興係の協力や，館長不在を守ってくれた副館長はじめ職員の理解にも感謝するばかりであった。

(5)　市町村立図書館への職員派遣研修の試み

　「市町村立図書館に学ぶ」，館長自身のこの体験から，私は振興係以外の職員に対しても市町村に学ぶ必要性を感じ始めていた。県立図書館の館内だけにいたのでは気づかない県民への図書館サービス，県立図書館の業務を見直すだけでなく，市町村立図書館の何を，どのように支援するか，このヒントが得られるという点で市町村立図書館の訪問は貴重だ。職員もこれを学ぶべきだ，そう思うようになっていた。

　かくして，私は職員に市町村立図書館勤務の研修を呼びかけた。希望する図書館に勤務場所を移す研修に職員が名乗りをあげてくれた。それぞれ，数日という短期間だが研修を申し出てくれた。県立の職員が市町村立図書館の最前線に立つ。出発に際しての職員の表情にはこれまでに見られない緊張が見られた。いいことだ。例えば，1999 年は 5 人の職員が富士市，清水市，吉田町，浜岡町，磐田市の図書館研修に出かけた。

　市町村立図書館の協力には感謝した。それぞれ趣旨を理解していただき，快く受け入れてくれた。研修中，務まっているか，市町村職員や利用者に受け入れられているか，など気になった。しかし，館長の心配は杞憂に過ぎず，研修から戻った職員はそれぞれが新鮮な体験を生き生きと報告してくれた。

　この年の 10 月 6，7 日，富士市立中央図書館に研修に出かけた資料課・殿岡容子司書の記録（『葵』34 号，2000 年 3 月掲載）をひもとき，抜粋する。

　　「研修期間中，1 日目は，貸出返却カウンター，雑誌の受

入・排架，本の検収・受入，2日目は，児童コーナー，視聴覚資料のカウンターと，日常業務を体験した。……特に印象に残っている……一つは，破損した図書や視聴覚資料のケースを丁寧に補修したり，使用したCDやLDを毎回布で磨くなど，とても資料を大切にしているということである。これらは利用者に気持ちよく図書館を利用してもらうために忘れてはならないことの一つであると思う。

　今回の研修で得られたことの第一は，市立図書館の日常業務の一部を体験できたこと，これは，図書館訪問という形で訪れても見えてこない内容である。このことにより，当然と思っていた当館の日常業務の方法を改めて見直すことができ，また，見習うべき点は今後ぜひ，取り入れていきたい。第二は人事交流である。名前でしか知らなかった図書館の職員の方々と2日間ではあるが一緒に過ごさせてもらったことにより，より親しみを持つことができた。これは，今後の業務に大いにプラスであると思う。」

この記録から，殿岡司書の誠実な研修態度とそれを通して市の図書館から学ぼうとする真摯な姿勢が伝わってくる。
　「市町立図書館で研修をして，職員双方向の理解が深まり，県立としての新たな支援・協力の道筋が見えた」といった感想を寄せた職員もいた。
　何より，地域住民との距離の近さの中で単なる本の貸出・返却を越えた暮らしの中の図書館の実態を体感したようだ。そこから住民や地域の抱える課題を肌で感じることともなった。特に，図書館が住民の生活や地域の産業にどう作用しているか，実感したようだ。また，市町職員との交流もでき，

互いに図書館を支えるやりがいや課題を共有して信頼関係が醸成されたことが多くの参加職員から収穫として報告された。

「市町村立図書館に学ぶ」，この研修目標は参加できなかった職員も含め，多くの成果をもたらしたことに仕掛けをした者としても安堵した。

1.3 「図書館の発見」

（1） 生活・生存を保障する図書館—龍山村立図書館

「図書館とは何だろう」，この問いについて，本・資料があり，貸出・返却に当たる人がいる，そうして読書を好む人の便益に供する公共施設。私は長い間，このように大雑把にとらえていた。

しかし，図書館に勤務し，市町村立図書館をめぐるうちに，こうした単純な概念が大きく揺らいだ。

静岡県西部の訪問日，龍山村立図書館（現・浜松市立龍山図書館）を訪問した時のことだ。

龍山村は人口2千人ほどの山間の小さな村で，本県最後の村である。ほとんどの家は森に包まれるように建ち，村にそれだけの人々が住んでいることさえ信じられないほどの静寂だ。産業は林業，農業が中心である。

図書館は，天竜川支流のダム湖と森に囲まれたわずかな隙間に建っている。大きな声であいさつをして小さな図書館に入ったが誰一人いなかった。黙って小さな書架を眺めるとなんと木や森林，林業といった本が多くを占めていた。蔵書に特徴がある。

公民館との供用の事務室に行って，ようやく職員の方と話

1章　図書館の発見………21

をすることができた。

「いつもこんなに人がいないのですか？」

「そんなことはなく，本を借りに来てくれることもあります。特に，雨が降ると，森から木こりの方が降りて来て一日中，木や林業に関する本を読んで勉強されています。ノートにいっぱいメモを取って帰られます。」

森と生きる人々の生活を支える龍山村図書館

雨の日，木こりの方がお弁当を持参して，長時間，黙々と
ノートにメモを取って一日を過ごす，そんな図書館の場面が
浮かんできた。思ってもいない図書館の光景だった。

　この日の体験は私の図書館についての概念を揺さぶった。
いわば，「図書館の発見」をもたらした。本好きな人が余暇
のひとときを読書したり，本を借りていく平穏な場所。もち
ろんそれも大切だが，そうした図書館の概念を壊したのだ。
もっともっと深く切実な図書館観の発見。生きるための知識
や知恵を獲得する施設，生活・生存を保障する場所，ここに
あるのはそんな図書館だ。

　教員時代，授業で生徒に暗唱までさせた憲法第 25 条第 1
項「すべて国民は，健康で文化的な最低限度の生活を営む権
利を有する」が急に頭をかすめる。

　生活・生存を保障する図書館。この小さな図書館に木や林
業の本が多い理由が鮮明になった。木こりの方が雨の日に図
書館で木や林業について学ぶのは生活するための権利なの
だ。それに応え，利用者のことを考え，わずかな資料費で一冊，
一冊とどんな気持ちで選書し注文しているか，職員の方の作
業も見える気がした。

　こうして私の図書館を見る目は大きく開いた。新たな目で
図書館を回ってみると，図書館はすべて異なって見えた。そ
れぞれの館には住民や地域の要望に応えんとする配慮があっ
た。

(2)　住民生活に密着した情報センター─佐久間町立図書館

　龍山村からさらに山を奥に分け入り，佐久間町立図書館
（現・浜松市立佐久間図書館）を訪れた。佐久間町は，ダムの町

1章　図書館の発見………23

とも言われた天竜川上流の小さな町だ。そのわずかな平地部にこぢんまりとした，清潔感あふれる図書館がポッコリと建っている。なんと，図書館が飯田線の駅と接し，図書館のドアから駅のホームにつながっていて，先ほどまで本を読んでいた人がたちまちにホームから電車に乗ってしまう。この立地の特徴に驚かされた。さらに，図書館の運営でもびっくり。職員の方にうかがうと，山間に住むお年寄りのために，家まで職員がバイクで本を届けることがあるそうだ。ほぼ宅配便。これぞ究極のサービスだ。

　驚いたことに，配架された本がなくなるのは数年に1冊とのこと，利用者が本をいかに大切にしているか，職員のその話から伝わってきた。

　また，地域の大事な医療施設，佐久間病院と連携して，医

山間地の生活を支える情報センター　佐久間町立図書館

療情報を図書館でも流して住民の健康や保健に役立てているともうかがった。

「インフルエンザが流行してきました。手洗い，うがいをしましょう！」などと掲示する。

さらに，学校の教育活動を発信して地域の人たちに伝えているとのこと。訪問した際には，絶滅が心配されている蝶の保護活動に子どもたちが取り組んでいることが紹介されていた。子どもたちの教育活動を図書館で知ることができる，住民はどんなにか幸せな気持ちに浸ることだろう。

佐久間町でのこうした図書館の幅広い活動展開は，住民生活に密着した情報センターの役割を果たしていた。この事実に触れた際にも私にとっての「図書館の発見」につながった。

(3)　先駆的な改革に取り組む図書館─細江町立図書館

もう一つ，山を下って細江町立図書館（現・浜松市立細江図書館）を訪れた。ここにも「図書館の発見」があった。

伊藤博館長率いるこの図書館では，県内はもとより全国的にも注目を集める取り組みがなされていた。その代表的な取り組みは「ブックスタート」である。今でこそ，各市町村で普及している図書館施策といえるが，2007年，この図書館が県内で初めての実践であった。細江町では乳児の6か月健診を行ってきたが，そこには，ママ・パパだけでなく，保健師と司書が同席し，健診の合間に読み聞かせが行われていた。なんと，健診後，6か月の子どもたちが司書の読んでくれる絵本にじっと聞き入ったり，興味を示したり，明らかに絵本に反応する。そして，図書館が用意した本の中から保護者が一冊を選んで図書館利用カードとともにプレゼントされる。

赤ちゃんの本との最初の出会い，図書館利用のスタートだ。細江町立図書館では子育てを支援するこうした取り組みがなされていた。当時は画期的と注目された。

また，町立図書館の司書と学校司書が定期的に会議を持ち，お互いの選書や資料の相互貸借などを話し合ってきた。限られた資料費を有効に活用するうえでも，両図書館が互いの資質を高めるうえでもきわめて意義深い連携といえた。

この細江町立図書館はインターネットの導入も早く，館内でのOPAC検索を手がけるなど，この分野でも先導的な改革に取り組む図書館である。

図書館が地域で何を求められているか，館長はじめ職員がそのことを認識して住民サービスにつながることは実施してみること，また，他業種や学校司書との交流をしながら業務に当たることの大切さを広く示してくれた。先駆的な改革に取り組む図書館として強く印象に残った。

以降も「図書館の発見」の旅は続いた。

(4) 子どもたちの「ただいま！」が響く図書館―竜洋町立図書館

意外なきっかけもあった。ある日，石川嘉延知事から突然に，「竜洋町に不登校が一人もいないことを，その理由が，町の図書館が充実しているからだ，ということを知っていますか？」と投げかけられた。私はそのいずれも知らなかった。恥ずかしいことだが，正直に返事をすると，「一度町を訪問してみてください」と柔らかに言われた。

すでにそこを訪問したことはあったが，この事実を知らなかった私は改めて竜洋町立図書館（現・磐田市立竜洋図書館）

を新しい気持ちで訪問した。

　この図書館は天竜川の河川敷と思われる田畑が広がる平坦な地に，ポッコリと建っていた。むしろ平凡な図書館の印象さえした。ところが，予習してみると，この図書館の利用統計，来館者数や貸出数は抜きんでて高い。まさに，利用される図書館である。

　さて，館に入るや「いらっしゃい！」，館長さん，職員さんの温かな声と笑顔に包まれて歓迎をされてしまった。いい気分だ。

　図書館来訪のあいさつをしていると，ランドセルを背負った学校帰りの子どもたちがやってきた。

　「ただいま！」

　それぞれがそう言いながら，まるで自分の家に帰ってきたような感じなのだ。中には，職員に学校での出来事を話し始める子どももいる。「これか！」そう感じた。

　まるで家庭のように子どもたちを迎える。たとえていえば，放課後児童クラブのような居心地がそこにある。読みかけの本を読書する子，宿題をやる子，仲良し同士でおしゃべりする子たちと，図書館を自由に活用して時間を過ごしている。シーンと静かに，ではない。

　保護者の方々は畑仕事をしていても安心に違いない。帰宅した子どもたちから聞く学校や図書館の話にも心和むことだろう。

　館長のお話では，別に図書館が不登校対策をしているわけではない，図書館と不登校との因果関係もわからないようだ。居心地よく子どもたちを迎え，見守っているだけという。その見守りの塩梅が子どもたちの居心地や情緒につながり，も

1章　図書館の発見………27

しかしたら,「不登校ゼロ」につながっているのかもしれない。そういえば,この町では読み聞かせ活動も盛んで,各グループが子どもたちのために読書活動に積極的に取り組んでいるとのことだ。

　最後に聞いた館長さんの話にまた驚かされた。

　それは,結婚して町を離れた女性が里帰りして戻ってくると,図書館にも「ただいま！」と言って顔を出すそうだ。図書館がもう一つの実家になっている。

(5)　利用者の近くに出向く図書館―南伊豆町立図書館

　伊豆半島の南伊豆町立図書館の訪問にも発見があった。

　この図書館は海辺の図書館で,伊豆の青い海を眺められるまさに風光明媚な地に建っている。規模としては小さくまとまっている印象だった。海辺の明るい図書館は,他方,半島の複雑な海岸線に阻まれ,町の住民が気軽に歩いてくるには困難を伴った。特に,お年寄りのみなさんには難儀であった。

　そこで,職員のほうから出向く,まさに,移動図書館を目指した。曜日を決めて各地域の公民館等に本を運び,そこに住民の方々が来て本を読み,本を借りていく。これが,地域住民にいかに喜ばれたか,想像に難くない。喜んで選書する利用者の姿が写真で送られてきた。

　図書館の運営には柔軟な発想が求められる。もちろん職員の勤務や安全への配慮は大切だが,利用者住民の実態を直視し,可能な方策を講じてサービスにつなげることだ。

　この図書館を訪問すると,職員から伊勢エビ漁の良し悪しが話題にのぼるなど地域住民の生活を案じていることが伝わってくる。移動図書館もそうした発想から生まれたサービ

伊豆半島の南端で図書館に来られない利用者へのサービス
(写真提供:南伊豆町立図書館)

スといえる。

(6) ビジネスをサポートする図書館―静岡市立御幸町図書館

　街中の図書館にも目を向けてみよう。

　県庁所在地の静岡市は,浜松市と並んで現在,政令市として存在感を放っており,市立図書館も本館に加えて11館もの分館を擁し,市民生活にとって不可欠な存在だ。その分館の一つに,御幸町図書館がある。市の中心地といえる場所のビルの中,4,5階のフロアで運営する都市型の図書館だ。

　市街地開発事業の一環として,2004年に市役所内の追手町図書館が移転することになり,それを機に,市民の検討会を経て,機能とサービスを格段に充実させた図書館が生まれた。静岡市立御幸町図書館は新たに静岡市の分館図書館の一つと

なった（この訪問は県立図書館長退任後となった）。

　ここでは「ビジネス支援」サービスを特色として強く打ち出し，6，7階併設の市産学交流センターとも連携して起業支援等のサービス強化を図っている。館内には200タイトルにも及ぶビジネス関係の雑誌を配架し，商用データベースに無料でアクセスできるパソコンを30台も設置するなど，ビジネス支援では他館は及ばない充実ぶりである。

　この御幸町図書館の開館を機に，静岡市立図書館では「ビジネス支援」を図書館サービス方針の中に位置づけ，「ビジネス情報を誰にとっても身近にする」ことを目指した。

　ともすると，図書館利用者から忘れられがちな勤労者や就職や起業を目指す人々なども積極的に利用できる図書館の誕生は，時代の変化を見据えて画期的といえた。事実，ここを訪れると日中でも多くの利用者がパソコンと向き合ったり，雑誌に目を通したりしている。これまで利用が遠かった人々にも新たな図書館サービスが届き始めた実感を持つ。そして，これからの時代の「図書館の発見」に出会えた気がした。

(7)　図書館を発見し，支援する

　かくして，静岡県内73市町村立図書館の訪問は実に多彩で個性的な「図書館の発見」の連続となった。山にも海辺にも町にも，図書館があって人々を迎えている。そこには資料があり，人がいる。もちろん，館によって建物や蔵書，職員などの違いはあるが，それぞれが生きている。

　図書館に入ってみれば織りなす空気はみんな違っている。特徴，個性，香り，そして，サービス，機能，ニーズ，企画，実に多様だ。それゆえ，県立図書館としてはそれぞれの違い

を認識して，市町村立図書館を支援すべきであろう。一律の図書館像を押しつけてはならない。

「図書館の発見」，単純かもしれないが，素人館長にとっては大発見といえた。

ところで，県立図書館長時代に国の「公立図書館の設置及び運営に関する望ましい基準」が告示されたが，私の市町村立図書館めぐりの経験を重ねたこともあり，図書館の「望ましい基準」は自治体の事情や住民ニーズを考慮して柔軟に描くべき，という思いに至った（資料編 p.169～171 参照）。

(8)　素人館長としての学び

通算 4 年，素人館長は思いがけず 4 年という長い期間を図書館長として勤務することとなった。おかげで，不出来な館長も図書館をじっくりと柔軟に，既成概念にとらわれず新鮮に発見することができた。

館長に就任しての日々を振り返れば，学び続けた日々ともいえる。特に，図書館とは何か，について無知な私は懸命に学んできた。本を読み，図書館を訪れ，司書に教わり，利用者に接して学んだ。念願の司書資格も取得できた。

しかし，館長としての図書館の学びはそれでよかったのか，こう自問すると明らかに不十分な気がした。

当時の日誌を開く。

「2000 年 5 月 3 日

憲法記念日。教壇に立っていた時はかなり憲法学習に力を入れていたが，最近はそれほど意識しなくなった。しかし，図書館業務は憲法とのかかわりも深い。特に，人権の

尊重をこの分野でも導きたい。」

「2000 年 8 月 23 日

　学習資源もアウトソーシングも社会の変化，うねりのようなものへの対応，といえる。時代や歴史は決して同一の繰り返しではなく，日々，刻々新たに動いている。それへの対応も新しくあって当然といえる。

　舵を取る人間として，僕はそのあたりの対応力が乏しい。」

　こうした自戒の念は，館長としての学び方についての不足からくる。

　館長として，図書館という施設についての仕組みや運営や存在意義等を学ぶことはもちろんであるが，さらに広く深く学ぶべきはあるように思う。果たして，広い視野，深い思慮を備えていたか。

　例えば，いい本とは何か，図書館に来られない人がなぜ発生するか，インターネットは人間に何をもたらしているのか，職員を人事異動する際の原則は何か，県立図書館の不易と流行とは何か，等についても的確に答えられない。館長として，まだまだ学ぶべきは多い気がする。

1.4 移住者からの手紙

　1999 年のある日，館長あてに匿名で 1 通の手紙が来た。

　白い封書に端正なペン字で「静岡県立中央図書館長様」と記されていた。開封してみると，きれいな字で 2 枚も 3 枚もの便せんにしたためられた手紙だった。

　はて何だろう。読み進めるうちに私は体が硬直する感覚に

陥った。苦言の手紙だった。

趣旨は,

「私はこの度縁あって静岡市に移住することになった。穏やかな気候や富士山の眺望をはじめ風光明媚な地で,ここに住むことを楽しみにしてきた。そして,県立図書館が近くにあると知って私の楽しみはもっと膨らんだ。

どこの町に住んでも,私は図書館をすぐに訪問し利用する。それぞれの町でそれぞれの個性的な図書館が私を歓迎してくれた。読書の好きな私はそれが何よりの楽しみであった。とりわけ,今度の移住が県立図書館の近くと知り,来る前から楽しみでならなかった。

ところが,移住後すぐに静岡県立中央図書館を訪問して,たまらないショックを受けてしまった。本が古くて,まるで古本屋に来たようだ。新鮮な本,読んでみたい本がほとんど見当たらない。これで本当に県立図書館というのだろうか。加えて,館内は薄暗くとてもゆったりと読書をする気にはなれない。まるで物置のようだ。

私は,これから静岡市に住むのかと思うと寂しくなってしまった。最初からこんな気持ちにさせられ残念でならない。

館長さんとして,このような気持ちをご理解いただけますか。」

といった内容であった。

「駐車場が狭い」,「開館時間を延ばしてほしい」,「食事をとる場所がない」等,これまでも多くの苦情に接してきたが,

1章 図書館の発見………33

この方のように居住する地の一番の楽しみが図書館で，その蔵書の貧弱さに失望した気持ちをストレートに突き付けてきた手紙は初めてだった。手紙を手にして私はほとんど狼狽した。いったい何と返事をすればいいのか，改善策はあるのか。

　次の日，定例の課長・係長会でまずこのことを伝え，対応策を協議した。この会は副館長をはじめ各課長と係長からなり，館長の意向を伝えたり，各課長，係長の報告や提案を協議することなどを行う。館としての決議機関といえる。

　予想されたことだが，沈黙の多い会議となった。何年も続いた資料費の乏しさを一番知っているメンバーたちである。

　しかし，なす術がない，と嘆いていても始まらない。資料費を獲得して蔵書を増やし，館内も明るくする，40年を越す築年数と耐震の弱さは指摘されてきたところで，この建て替えプランも実現へ導く必要がある。手紙をむしろ警鐘と生かすチャンスととらえるべきだ。

　課長・係長会でそこまで言えたか記憶にないが，その後，資料費の大幅確保が実現し，図書館の建て替えが現実味を帯びてくることを考えると，この手紙の計り知れないタイミングと意義を感じる。

　首長をはじめ町の行政にかかわる者，その中には，図書館関係者も含まれるが，人がどの町に住みたいか，その選択の要素に図書館がこれほどの意味を持つことをしっかりと認識すべきである。住むなら図書館の充実した町がよい，図書館が貧弱な町には住みたくない，この願いを忘れてはならない。

　図書館はその町の文化度のバロメータといわれるが，まさにこの手紙はそのことを教えてくれた。そして，私の「図書館の発見」にこの認識も加わった。

34

2章 県立図書館の使命と実践

2.1 県立図書館の存在意義

　県立図書館の館長になって絶えず私の意識にのぼってきたテーマは，県立図書館とは何のためにあるのか，その役割とは何か，ということであった。

　『静岡県立中央図書館要覧　平成10年度』によれば，「県立中央図書館は，生涯学習拠点図書館，市町村（静岡県では2005年5月1日，龍山村が浜松市に加わるまで村が存在）図書館援助・協力館及び県民の調査・研究用図書館等の役割を中心に，収集資料の充実，提供の促進及び保存の適正化を図り，県民及び県内図書館の中枢資料センターとして県民文化の向上に寄与する」とその役割，使命が記されている。

　一応納得はできそうな規定であるが，職員からも学んでみたい。

　ベテランの職員とのヒアリングで聞かされたのは，「県民の調査研究活動」を支援するための図書館や「二線図書館」という概念だ。

　事実，県立図書館の役割として「静岡県公共図書館振興対策基本事項」に「県立中央図書館は，市町村立図書館等を支える二線図書館としての機能充実を図る」と明記されている。

　幅広い学習活動への直接支援は第一義ではない。また，市

町村立図書館を「一線図書館」とし，そこでは県民に対して
まさに最前線で直接に図書館サービスを提供しているが，県
立はその背後で市町村立図書館を後方から支援することを本
務とする，そういった概念といえそうだ。その考えに則って，
県立から市町村立図書館への資料の貸出や，県立図書館職員
による市町村職員への研修の実施などが行われている。こう
して，県全体の図書館サービスが構造化され，各市町村の県
民にサービスが網羅的に提供されることになる。県立図書館
の「二線図書館」論も納得がいく。

　他方，県立図書館がいかにも消極的な存在で，木立に囲ま
れた草薙の地形とも相まって奥の院にひっそりと出番を待つ
という印象をぬぐえない。あくまで県立図書館は間接サービ
スに徹するというのだろうか。

　その点で話題になるのが県立図書館の資料保存機能であ
る。県立の収集方針に則って集めた資料を，たとえ貸し出さ
れなくても保存しておくことの使命が県立図書館にはある，
というものだ。なるほど，その意義もわかる。市町村立図書
館では収集できない貴重な資料を保存する，これは県立図書
館ならではの使命といえる。当時，県立図書館では市町村立
図書館で購入する資料の平均単価の倍近くの資料を購入して
いた。専門性の高い資料に該当しよう。この点からも貴重書
収集が裏づけられる。

　さらに，県立図書館の規定には「生涯学習の拠点」ともある。
この規定も後方から間接的には市町村を支えるという意味で
県民の学びを支える「拠点」と考えるのか，県立図書館自身
が学習の場として「拠点」機能を持つのか，議論となる。職
員の認識は前者にあった。

着任早々の素人館長を悩ませた「県立図書館の存在意義」
の問題も，私としては「二線図書館」論には全面的には賛同
しがたいものがあった。調査研究を支援したり資料の保存機
能も否定はしないが，県立図書館ならではのサービスをもっ
と積極的に展開すべき，そう考えたかった。少なくとも県立
図書館のサービスを求めている利用者には積極的にサービス
をすべきと思う。利用されてこそ図書館，そう考えたい。

　例えば，市町村立図書館が保有していない専門性の高い資
料や，これも専門性の高いレファレンスなどについてはもっ
ともっと利用者に提供をしたい。その意味で，県立図書館の
来館者数や貸出資料数なども高めたい。職員は泰然としてそ
れらへの関心が薄いように私には見えた。

　ある時，私は職員に指示して1年間に貸し出された本の購
入年度を調査させてみた。すると，当年度購入した本が8割
近くを占めていた。県立図書館といえども，利用者は新しい
本を求めていることに驚かされた。大事な発見で，直ちに職
員に伝えその意味するところを考えさせた。

2.2 市町村立図書館への支援体制・実践例と新館建設支援

(1) 市町村立図書館間の格差

　静岡県には「平成の大合併」（1999～2000年）以前には74
市町村があった。そのうち，市立図書館が21館，町村立図
書館が52館（他に施設なしが1）であった。そのうち，町村
の22館は条例未制定であった。残念ながら，図書館の整備
状況も格差が大きく，住民の図書館から受ける恩恵も格差が
大きい実態があった。

2章　県立図書館の使命と実践………37

「平成 10 年度県内公共図書館のサービス指標」より格差の
実態を以下に示す（詳細指標は資料編 p.159〜160 参照）。

図書館サービスの市町村格差

	市			町村		
	最高	平均	最低	最高	平均	最低
一人当たり資料費	三島 518 円	268 円	伊東 164 円	吉田 2,133 円	583 円	相良 74 円
千人当たり蔵書冊数	天竜 3,968 冊	2,115 冊	藤枝 1,485 冊	細江 6,369 冊	3,505 冊	相良 721 冊
千人当たり貸出冊数	富士 5,730 冊	3,999 冊	熱海 1,099 冊	浜岡 21,153 冊	5,359 冊	相良 430 冊

（『静岡県の図書館』平成 10 年度より作成）

　ここでは 3 つの指標を取り上げたが，格差は歴然としてい
る。自治体の行政判断とともに，図書館の開館に伴う多額な
予算や企業立地による補助金等の活用もあり，格差の要因は
複雑である。結果的に，住民サービスの格差は大きく，県立
図書館としても多角的な視点で対応すべきであろう。

　また，詳細指標からも明らかなように，市町村立図書館とと
もに，サービス指標（資料費，蔵書冊数，受入図書，貸出冊数，
専任職員一人当たり奉仕人口）の格差は大きく，どこの市町
村に住むかにより，それぞれの住民は図書館から受けるサー
ビスの恩恵が雲泥の差となる。市町村間の文化水準格差とも
いえ，市町村立図書館の支援を任務とする県立図書館として
これを看過はできない。地方自治を認識，尊重しつつ，可能
な限りの支援策を講じなければならない。

　県民全体に対して公平，公正にサービスを提供することは

県立図書館の必須の任務といえる。

　特に，サービス指標の低い図書館，なかんずく県内に22館（平成10年度時点）もある条例未制定の図書館に対する支援は重要で，自治体の事情に配慮したうえでのきめ細かな対応が求められた。

(2)　市町村立図書館支援の実際

　改めて，県立図書館は県図書館協会を束ねて県内全図書館の充実を目指す。特に，県民へのサービスをくまなく届けるためには市町村立図書館の支援こそ不可欠である。

　平成12（2000）年度県立中央図書館の各課・係の事業報告より，市町村支援の代表的な事業を挙げてみる。

図書係：県立図書館収集方針により，専門性の高い，市町村立図書館が購入しにくい資料を受け入れて，相互貸借により支援できる態勢を整えた。本年度は

　総記1,382冊　社会科学3,389冊　自然科学1,203冊等

　合計　11,040冊　　を購入

一般調査係：本年度県立のレファレンス件数は7,426件（市町村立図書館からを含む）

　レファレンスに関する市町村立図書館支援のため，

　・担当者との意見交換

　・「レファレンス事例集」の発行，配布

　・レファレンス研修の実施　市町立図書館会場にて

　・図書館訪問　担当者との意見交換，情報収集等

企画係：県内の図書館職員対象の研修会開催

　・基礎研修：公共図書館の役割，著作権，障がい者サービ

2章　県立図書館の使命と実践………39

スなど
　・専門研修：インターネット・レファレンス，高齢者サービスなど
　・館長研修：図書館運営の動向と課題など
　・県外図書館視察：先進図書館や特徴のある図書館視察など
　・県図書館大会：市町村立図書館関係者を含め開催
振興係：協力車による資料の相互貸借運搬，運営相談，建設支援など
　2000年度の協力車事業を概観すると，
　・運行状況：例　静清コース　訪問館5　訪問回数46
　　　　　　　　　浜名コース　　　　8　　　　　　22
　　　　　　　　　伊豆コース　　　　12　　　　　20など
　　　　　　　　　　　　計　198日　　延べ218日
　・県立図書館から市町村立図書館への提供資料数　4,905冊
　・協力車による全搬送資料数　　　　　　　　　23,686冊

　このように，県立図書館は県全体の図書館振興，サービスの充実を目指し活動をしている。こうした日常的な支援や交流を通して，県立の職員は市町村立図書館の要望や直面する課題を把握でき，研修の企画などに反映している。
　小さな町の図書館員が静岡の県立図書館に出張をして終日研修し学び合うことは，想像以上に刺激と収穫になっているようだ。それだけに，日ごろの交流を大事にしたい。

(3)　市町村支援としてのレファレンスサービス
　近年，県立図書館の果たす市町村支援の中で，「レファレ

ンス」に関するものが目立つようになってきた。図書館サービスが本の閲覧や貸出だけではなく，司書への相談や助言も含まれることを利用者が認識し始めてきたことがある。さらに，インターネットの普及により利用者自身がそれを利用して検索や調査を行い，図書館に相談に来る内容が専門化していることがある。市町村立図書館では対応が難しい相談はいきおい県立図書館に持ち込まれる。県立に直接来館してのレファレンスに加え，こうした市町村から寄せられる相談への対応も大切な市町村立図書館支援といえる。

　館報『葵』34号（2000年3月）から1999年に調査係の手がけたレファレンスの詳細を考察してみる。まず，件数をみると，以下となる。

① 書誌，文献，事実調査件数　　　4,015件
　　うち，郷土関係　　　　　　　　　999件
② 所蔵，所在調査件数　　　　　　4,290件
　　うち，郷土関係　　　　　　　　　408件
③ 調査件数合計　　　　　　　　　8,305件
　　うち，郷土関係　　　　　　　　1,407件

　1999年1月から県立図書館の館内にレファレンス専用カウンターを設置し，相談対応の充実に努めた。また，6月からはホームページ上に，レファレンスを受け付けるページを設けて電子メールによる回答業務も開始した。従来の基本的な技能に加え，さまざまな媒体のデータベースやインターネット上の情報を取捨選択して活用しながら確実に回答する技術が担当職員には求められているようだ。

2章　県立図書館の使命と実践………41

調査係では，レファレンスの事例検討会を常に行い，選出した事例を一冊にまとめ「レファレンス事例集」として作成している。平成11年度は4冊作成した。

　担当職員のレファレンス技法の向上を図るとともに，県内市町村立図書館にも配布して活用を促している。これも大事な市町村立図書館の支援といえる。

　また，地元紙の『静岡新聞』に「静岡県立中央図書館　お答えします」を週に1回のペースで回答を含め連載し，広く県民へのレファレンス業務発信を図った。

　掲載した質問項目の例を挙げてみる。

・「『パン祖』と呼ばれる江川担庵について」
・「県内にある多数の東照宮について」
・「障がい者教育に尽力　小杉あさについて」
・「日本の近代郵便制度の始まりについて」　など。

　静岡県に関する質問が多く取り上げられ，読者には好評を博したようだ。この企画は96週に及んだ。

　県立，市町村を問わず，これからの図書館サービスにおいて，レファレンスサービスはきわめて重要である。単に本や資料の貸出だけでなく，個々の利用者の抱える課題や相談に対し職員が的確に回答することは，図書館の評価や存在意義を高めるとともに，図書館が利用者の暮らしを支える施設としての評価にもつながる。

(4)　県立図書館と市町村立図書館との協働

　最近，自治体の図書館行政に関し，特に，県と市の二重行政の議論がある。市民，住民へのサービスの重複を指摘しての議論である。極論すれば行政の無駄，というのだ。特に，

政令市や大きな規模の市では図書館予算，職員体制もかなりの規模になり，財政難の折，そうした指摘の起こることもわかる気がする。

しかし，県立図書館の館長に就任し，県と市の図書館をつぶさに見聞する中でその議論は説得力に欠けると考えるようになった。理由はすでに記述したとおり，県立図書館の市町村立図書館支援の各事業は住民サービスを担う市町村立図書館にとって不可欠であるからだ。

資料の購入をとっても県立図書館が購入する資料の平均単価は約 4,000 円，市町村立図書館のほぼ 2 倍，つまり市町村では購入しにくい専門性の高い資料を購入，所蔵している。その資料が全県の市町村住民の求めに応じて協力車により貸し出され，県民サービスを担保する。逆に言えば，市町村は自前の予算で住民のニーズに配慮した資料の購入や職員の配置をしてサービスに努めている。職員研修もレファレンス支援も図書館運営相談や建設に伴う支援も，と県図書館界は県立図書館を核として有機的な協働体制をとっている。多少の重なりはあっても，二重行政論に基づく行革や予算の削減は県と市双方の図書館サービスを削減するようなものだ。

(5)　図書館建設の支援

毎年あるわけではないが，市町村が図書館を建設する際に県立図書館がこれを応援することも，大事な県立図書館の役目といえる。この場合，市町村の考えもあるので，市町村が独自に進める際にはそれを尊重して，求められる支援をすることが鉄則といえる。

私の館長時代には市と町（村からはなかった）からの要請

もあり，何件もの図書館建設に対して県立としてできる限り
の支援体制をとってきた。

　20世紀末から21世紀にかけ，静岡県の図書館空白地域と
もいえた中部地域に図書館建設が続いた。長い間，県立図書
館としても設置を働きかけてきた地域だ。それらの地域から
の図書館建設に向けた支援の要請は実にさまざま，市町村の
実情によって異なる。ハード，ソフトにわたり頻繁な相談も
あれば，ほとんど自前でやり遂げる事例もある。もちろん，
それでもよい。

①　吉田町立図書館

　1990年代の末，吉田町に図書館建設の動きが出る。町長の
決断もあったが，図書館に理解の深い黒田和夫教育長がこの
事業を積極的にリードした。教育長は，戦後の荒廃期に図書
館を砦のように守りながら教育の復興を進めた町の歴史を継
承せんとする強い使命感を持たれていた。同じ高校教育畑を
歩んだ先輩が，図書館建設に強い信念を持って取り組まれて
いることがうれしかった。

　構想段階から町民の参加を進め，子どもたちや，障がい者，
お年寄りなどに配慮した図書館が目指された。そうした方々
と実によく話し合いの場をもって準備を進めた。その結果，
湯日川の土手からも入館できるスロープや館内エレベーター
の設置，対面朗読室の設置や屋上には太陽光発電を備えて発
電量の一部を館内で消費するなど，当時としては画期的な配
慮がなされた。

　計画段階から県立図書館に相談が持ち込まれ，特に，視覚
障がい者や聴覚障がい者へのサービスについて両館職員の意

見交換が重ねられた。私もしばしば訪れて建設の進捗状況を楽しみに確認した。時に職員も動員してお手伝いをした。

　1999年7月,利用者に対してきめ細かな配慮がなされ,周囲の景観とも調和した吉田町立図書館が誕生した。開館式に招かれた私も,来賓として建設のプロセスを含め当局を讃える祝辞を述べた。この図書館は,機能やデザイン,環境への配慮などが高く評価され,後に,日本図書館協会から建築賞を受賞することとなる。

　うれしいことに,図書館空白地域に誕生したこの図書館は,1年間で利用者登録が町民の40％を超えるという画期的な実績を上げた。この数値は,例えば,千葉県の浦安市立図書館にも匹敵する数値であった。それまで,家に閉じこもりがちだったお年寄りも含め,多くの住民が図書館をくらしの一部にし始めた光景を,訪れるたびに目にすることとなった。

さまざまな配慮が凝らされた吉田町立図書館
日本図書館協会建築賞受賞（写真提供：吉田町）

2章　県立図書館の使命と実践………45

② 金谷町立図書館

2000年代に入って同じ中部地区の金谷町（現・島田市）にも図書館建設の動きが起こる。

この町も長く図書館空白の時代を経てきた。図書館とは名ばかりで、もちろん、図書館設置条例も整備されず薄暗い図書室を利用する人は一日に数えるほど、資料費も県内最下位で町民一人当たり年間5円～10円程度、総額で20万円以下という状況であった。入口に貸出ノートが置いてあり、個人情報が丸わかりで、氏名や借りた本を書くという有様であった。専任職員を配置できなかったことにもよる。

町民の有志でつくる「本の輪の会」という団体が地道に熱心に活動していたが、図書館建設にまでは至っていなかった。私も県立図書館長として、また、自分の住む町でもあり、金谷町に図書館を建設したいという思いは強かった。たびたび、教育委員会や役場を訪問してこのことを訴えた。県立図書館の振興係職員もターゲットの一つと認識し、働きかけを強めていた。

「平成の大合併」が機運となった。大石好昭町長と小林宏寿教育長は町民の願いを密かに受け止め、図書館建設を島田市と合併する前の最後の大事業と判断された。県立図書館への相談も頻繁になり、双方の職員の往き来も重なった。ハード面では書架の配置や採光など、ソフト面では開館時の資料の整備や職員の配置などが話し合われた。

ある時など、町長に「資料費が県内ダントツの最下位です」と話をすると、担当課長を呼び「来年度はとりあえず600万円にしなさい」と私の目の前で指示をされたのには驚いた。町長の本気度を感じた。

教育長からは館長人事の相談を受けた。建設も大事だが、人の配置は重要だ。特に、新図書館の館長を誰にするかが大切だが、あいにく町の職員にはそうした人材が見当たらない、何とかならないか、というものだった。私はとっさに、県立の職員を期限つきで館長として派遣してもよい、と提案した。それも、県立ならではの市町立図書館への支援と考えた。さらに、見返りに町から県立図書館に職員を派遣して将来の人材として育ってもらえればそれも意義がある。この提案を教育長も喜ばれ、双方で持ち帰り練ることとした。結果的に、県立図書館の企画振興課長が初代館長として迎えられた。また、金谷町からは有為な若手職員が県立図書館に派遣された。それぞれが大事な使命を自覚して立派に役目を果たしたことで、この人事交流は評価された。

公民館と併設　「みんくる」金谷町立図書館

　2005年3月、金谷町立図書館は公民館との複合施設「みんくる」の一翼を担い、白亜の図書館として開館された。面積

2章　県立図書館の使命と実践………47

1,339㎡, 蔵書 52,838 冊, 平屋で照度にも配慮された明るい図書館は, 役場の正面に位置し, 大井川鉄道の SL が児童コーナーの窓越しから見える好立地に町民の来館を迎えた。

初代の岡田克彦館長は「成長し続ける図書館」を理念に掲げ, 職員とともに新鮮な発想で図書館サービスを仕掛けた。資料費も年間 800 万円に達した。多くの町民は初めてともいえる図書館の居心地やサービスの素晴らしさに感嘆した。公民館との複合もうまく相乗効果を発揮し, 公民館で実施する事業関連の本を特別展示したりして来館者の関心を集めてきた。折々の企画展示には職員の創意や利用者への配慮が込められていた。

また, 島田市との合併後は, 越すに越されぬと謳われた大井川を資料が行き来して, 旧島田市立図書館との連携を深めた。今では, 1 週間で約 1 千冊の本が大井川を越えて両地域の市民の元に届いている。「みんくる」のおかげで市民の生涯学習や交流活動はずいぶん促進された。

なお, 館長との人事交流で県立図書館に勤務した職員は 2 年間の勤務を経たのち, 島田市立金谷図書館と島田市立図書館に勤務して利用者に寄り添ったサービス展開の中心として活躍した。県立図書館と市町立図書館との交流人事の成果の一例といえよう。

③ 掛川市, 小笠町, 静岡市の図書館支援

県立図書館の市町立図書館建設の支援は, その後も掛川市立図書館, 小笠町立図書館 (現・菊川市立小笠図書館), 静岡市立御幸町図書館などと続いた。

そのうち, 小笠町立図書館でも県立図書館から企画振興課

長が館長として迎えられ，図書館の立ち上げに大きな功績を残した。サービスも的確で住民から高く評価された。ここでも，大事な職員を送り出してよかった，と安堵した。

　掛川市立図書館や静岡市立御幸町図書館のように，建設の構想や実施のほとんどを市が独自に進め，県立図書館はそれを見守りながら必要に応じて運営相談に乗るようなケースもあった。これはこれでよし，こうしたケースでは県立図書館の知見を当てにしていないというより，市に建設を可能とする態勢が整っていたことがある。また，図書館活動団体やボランティア団体等，市民の力が建設を支援した。

　掛川市では「生涯学習」の理念を，静岡市では「ビジネス支援」の具現化を掲げて，特色が鮮明に込められた建設といえた。両館とも建設の過程で市民団体との協議を重ね，配慮されたサービスで市民のニーズを満たした。

(6)　市町村立図書館建設支援の意義

　県立図書館が市町村立図書館を，特に，市町村立図書館の建設を支援することの意義は大きい。

　市町村が図書館を建設するということは財政的にも，政策的にも並大抵のことではない。その大事業に対し県図書館協会をリードする県立図書館が財政面以外で支援することは当然ともいえるし，県立が有する専門的知見を市町村のために活用する好機でもある。県立図書館の存在意義もそこにある。

　その一方で，県立図書館が市町村の目指す図書館像や建設手法，さらには，住民のニーズなどを尊重するなどには配意すべきである。図書館の色は一色ではない。市町村ならではの個性や特色，それぞれに特化された機能や意図があるから

2章　県立図書館の使命と実践………49

だ。上から目線で，支援を振りかざしてはならない。

2.3 図書館ネットワークの構築

　県立図書館は県内唯一の県が運営する図書館として，県民全体へのサービス提供を本務としている。その一方で，県図書館協会のリーダーとして市町村立図書館をはじめ，大学や議会等の図書館とのネットワークを構築して県全体の図書館のレベルアップとサービス拡充にも努めている。

　手法としては，デジタルの活用と人のつながりのアナログも尊重しながら多彩にネットワーク構築を進める。今や，個々の図書館が個性を出しつつ，互いに連携し合ってこそサービスの拡充を果たすことができる時代だ。その点，県立図書館は先頭に立ってネットワークを構築しなければならない。これも大事な使命といえる。

(1)　「おうだんくん」

　「おうだんくん」は静岡県の図書館ネットワークシステムのエースだ。

　これは，インターネットによって全県の図書館をネットワークでつなぎ，蔵書を互いに検索し合い利用にも供するというシステムである。正式名「静岡県横断検索システム」のことで愛称を「おうだんくん」という。

　これまで蔵書検索は各図書館のホームページに接続したり，電話で照会する必要があったが，このシステムでは県立中央図書館にアクセスすれば，参加図書館のすべての蔵書を検索できることになる。これをもとに，貸借の要望に応え，

県立図書館の協力車でそれぞれの資料を搬送して市町村立図書館経由で利用者のもとに届ける。県内図書館の相互貸借の利便性は一気に高まるシステムといえる。

稼働は2004年3月18日。当初の参加館は8館，蔵書総数約250万冊が検索可能となった。実際，その後も参加する図書館は順調に増えていった。

そして，「まるごと静岡ライブラリー」のキャッチフレーズのとおり，県内図書館が一つになることを目指した。2004年度中に30館の参加を目指し，最終的に，約100館の県図書館協会参加館が加わって約1000万冊の検索が可能となる計画である。携帯電話，パソコン等インターネットでの予約も取れて利便性は飛躍的に上がる。

こうしたシステムの構築はまさに県立図書館が率先し，市町立図書館の協力を得ながら実現していくものである。それにより，県民への図書館サービスは利便性を増すが，相互貸借だけでなく，同時に図書館間のさまざまなネットワークが充実することとなる。各図書館の特色を補完し合ったり，レファレンスを補い合ったり，時に職員間で相談し合ったりと，ネットワークの可能性はふくらむ。デジタルの時代に，県立図書館はそうした幅広いネットワーク構築にも力を注ぐべきだ。

このネットワークのネックや課題は何だろう？

一つは費用。小さな市町立図書館がこのシステムに入るには，装備の費用を捻出できるかがある。2021年，牧之原市が相互貸借のメリットを評価して，「おうだんくん」システムに加わったが，双方向システムを可能にするため2000万円を超える経費を要した。市には大きな出費となるため，議論

2章　県立図書館の使命と実践………51

を重ねた。デジタル化が加速する中で，新たな図書館格差，サービス格差を生みかねない。

DX化も踏まえ，今後のネットワークシステムはどのような内容と速度をもって進むのだろうか？ 館長はじめ，図書館職員として常に考察すべき課題といえよう。

(2) 静岡県図書館大会

これも静岡が誇る図書館ネットワークの代表格といえる。それも，大半がアナログ的な人的ネットワークであり，「図書館は人」ともいうように，図書館を支え，かかわる人たちが一堂に会して図書館を考え，図書館の発展を希求する，そして資質を高め合う，交流する，こうした意義は計り知れない。

県図書館大会はその時々の図書館関係者が引き継ぎ，参画し，成果を共有し，図書館の発展のためにつなげてきた静岡県の歴史的ネットワークイベントだ。

静岡県図書館大会の最大の特色は参加者の規模の大きさ，幅の広さにある。県内の図書館職員はもとより，研究者や出版関係者，読書グループや図書館に関心のある市民など幅広い人々が集って今日までつなげてきた点で特筆すべきである。近年では読み聞かせボランティアの参加も目立つ。図書館界のすそ野は広く，参加者は例年1,000人近くに及び，会場は熱気に包まれる。

県立図書館は当然，この大会の企画運営の中心を担う。大半の職員が参加するが，担当職員の責任と負担は大きい。特に，市町立図書館や各種図書館，教育委員会などとの協議を重ね，大会のテーマや基調講演の決定，分科会の内容や講師の選定などやるべき準備は山ほどある。

運営委員が中心を担うが，館長も大事な会議には出席して全体の把握や外部との折衝に臨んできた。そのたびに，この大会の意義を実感し，成果の多い大会にしなければ，との気持ちが高まっていく。

開会のあいさつ，基調講演講師への対応，各分科会の進捗状況の確認，会場管理等，県立図書館長として気を配るべきは多いが，県教育委員会職員，県立図書館職員，各図書館の職員，担当等の協働体制は強力である。時に，知事も来賓として参加し支援の姿勢を見せる。静岡県の図書館界の底力が問われる一方，参加者の満足度を高め合う大事な一日となる。

さらに，当日は来賓の日本図書館協会事務局長（当時）から「情勢報告」をうかがえるチャンスにも恵まれ，国レベルの図書館関係の最新情報に接することができるとともに，全国的な先進事例や課題をも学ぶ研修機会となった。これは，図書館事業が地域の領域にとどまらず，国レベルにまでかかわる文化事業といった認識を得る機会ともなる。

(3) 静岡県図書館大会の概況と効用

ちなみに，館長在任 3 年目，2000 年度の県図書館大会の概況を挙げてみる。

10 月 30 日（月），JR 東静岡駅前グランシップにて開催。長年にわたり，図書館の発展に貢献した図書館職員 24 人と，活動が評価された 7 グループが表彰された。

テーマは「暮らしの中に図書館を」で，参加者は 991 人，各フォーラムの内容と参加者数は以下のとおり。

第 1 フォーラム「図書館サービスの現状と利用者の期待—

利用者と図書館員との建設的な対話」　　　参加 93 人

第 2 フォーラム「子どもと一緒に楽しむ読書—読み聞かせ，
　ストーリーテリング，ブックトーク」　　　参加 319 人

第 3 フォーラム「子どもが楽しめる図書館づくり—子ども
　はこんな図書館を求めている」　　　　　　参加 90 人

第 4 フォーラム「すべての人に利用しやすい図書館をめざ
　して—障害をもつ利用者にとって使いやすい図書館とは」
　　　　　　　　　　　　　　　　　　　　　参加 70 人

第 5 フォーラム「学校図書館と公共図書館—学校図書館と
　公共図書館との相互理解のために」　　　　参加 140 人

第 6 フォーラム「読書会・読書グループと図書館—読書会
　活動を高めるために」　　　　　　　　　　参加 53 人

第 7 フォーラム「インターネットの達人を目指して—IT 革
　命…安心して 21 世紀を迎えるために」　　　参加 87 人

第 8 フォーラム「生活に密着した郷土・地域資料—小学生
　から高齢者まで」　　　　　　　　　　　　参加 72 人

　それぞれのフォーラムが掲げたタイトルには時宜を得た，
興味深いテーマが並ぶが，各会場では実に熱心な議論が交わ
された。参加者はたくさんのお土産を持ち帰ったことだろう。
それがまた，明日からの各図書館や読書グループの発展につ
ながることも確かだ。

　内容的にも規模においても，静岡県図書館大会がこのよう
に盛況な理由は何か。後に，県立図書館の増田曜子企画振興
課長が『図書館雑誌』（Vol.100，No.7，2006 年）に「静岡県にお
ける図書館振興と県図書館大会の実施状況」を寄稿した。歴
史的経緯も踏まえた内容の濃い論文だ。その中で，課長は盛

況の理由について長年培ってきた図書館振興策がベースにあると指摘しながら，特に運営委員の構成を挙げている。委員18人中，図書館関係15人，県読書推進運動協議会2人，学校図書館1人とし，選出にはマンネリ化を避けるべく自己推薦制を取り入れた。この構成が生きて企画を充実させた。さらに，広報活動の活発化，県内外への発信により31人の県外参加者も得た点を評価する。また，後述する「読書県しずおか」づくりと連動させて，読み聞かせボランティアや図書館利用者などの参加を呼びかけてきたことの意義も説いている。

この論文は「静岡県図書館大会」を全国に発信したが，県立図書館がかかわる重要な事業を広く周知させたといえる。

2003年，静岡県が急遽依頼を受け開催された日本図書館協会主催の全国図書館大会でも，県内外からの2,433人もの参加者のもと，静岡の底力を発揮して盛大な大会とすることができた。急な開催ではあったが役割を果たせて一同安堵した。

静岡県図書館大会も全国図書館大会も，それを契機に図書館や読書活動が活気づき，参加者が知見や技法を共有し，交流を深めてその後のネットワークにつなげたという意味で，開催準備は大変だが，意義のある，報われることの多い大事なイベントといえた。図書館大会は県立図書館が企画から実施まで中心的な任務を担うが，まさに県の図書館界をリードする立場として大会は檜舞台ともいえよう。

「おうだんくん」も静岡県図書館大会も，県立図書館が率先するとはいえ，単独で成り立つものではない。まさに，県内全図書館のネットワークによって，円滑に推進され，成果もあげられる。そして，幅広い参加者によって盛り上がる。

2章　県立図書館の使命と実践………55

県立図書館長としてこのことを何度も学ぶこととなった。

2.4 公共図書館の指針として——図書館職員と法令

　県立図書館は自館の運営に専念するだけでなく，唯一の県立図書館として県図書館界に対しても責任を負っている。

　組織的には館長が県図書館協会の会長を務め，市町村立図書館と連携しつつ加盟図書館をリードする使命をも持つ。私は県内の館長会議や研修会であいさつをするたびにこの自覚が加わっていった。いつまでも「素人ですから」などと甘えたことを言ってはいられない。見識と責任感が問われている。

　各図書館が日常の業務に追われる中で，県立図書館が堂々と構えて時に市町村立図書館を導き，時に支え，指針を示すことが求められる。そのため，私は県立の図書館職員には，国の文教政策の動向を把握したり，図書館界が今日留意すべき課題への認識を共有したりすることも促してきた。

(1) 法令遵守の姿勢

　県立図書館として指針を示すうえで，私は，図書館としての「コンプライアンス・法令遵守」といったテーマに関心を持った。市町村立図書館の職員が取り組みにくいテーマでもある。

　日常業務の中で，これに関して真っ先に浮かぶ案件は「著作権法」の遵守である。資料は著者の大事な知的財産ゆえ，図書館の資料を利用者がコピーする際，どこまで許されるのか，時の経過や分量といった点で利用者とトラブルになることもある。また，最近はデジタル資料も汎用化され，この取

り扱いにも法とのかかわりで留意すべきである。

　当時，県立図書館に県外からの利用者が親子で来館し，ある書籍のコピーをそれぞれ半分ずつ，結果，1冊分のコピーをとろうとして職員を慌てさせたことがあった。「全体の2分の1」という著作権法の抜け穴を狙った行為である。ケンカ腰の利用者を前にして，私も含め，職員は法の条文の解釈はもとより，このケースの判断をとっさに迫られた苦い経験となった。

　県立図書館で実施する研修会でのテーマとして，「著作権」がしばしば市町村の職員から要望されることも理解できる。判断を求められがちな県立図書館とその職員は，新しい事例や解釈を含め，学び続けなければならない。

(2)　法体系と図書館

　コンプライアンスという点で言えば，「わが国の法体系と図書館」についても絶えず認識をしておくべきである。

　私も社会科の教員として法律の関係も扱ってきたことから，館長になってこのテーマについて興味と関心を持って勤務してきた。

　最高法規である「日本国憲法」は「図書館法」や図書館の業務と実に深く結びついている。まず，憲法が保障する「基本的人権」は図書館と不可分の関係にあることは自明だ。自由権としての「思想・良心の自由」をはじめ，「表現の自由」や「学問の自由」，「信教の自由」などいずれも図書館の本質に結びつく。図書館が自由に本を貸し出すことも，利用者が自由に本を読むこともそれらの権利と深くかかわっている。各図書館に掲げられている「図書館の自由に関する宣言」も，

2章　県立図書館の使命と実践………57

憲法とのかかわりでとらえるとすっきり理解できる。

　基本的人権の範疇にある「社会権」,「生存権」として,「健康で文化的な生活を営む」うえでも図書館は重要な役割を果たしている。前の章でも触れたが,龍山村の木こりの方が,雨の日に図書館で終日,木や森の勉強をする光景を思い出していただきたい。生存を支える図書館だ。

　さらに,わが国憲法が希求する「平和主義」は,図書館に貫かれている諸々の自由や権利の保障を前提としてこそ実現され得るものだ。今日,戦争や紛争で苦しむ国々の市民の惨状を見れば,そのことは自明だ。図書館には分断や対立はない。

　こうして,憲法を尊重することは図書館コンプライアンスの大前提であるとの認識が深まった。

　図書館の仕事をするうえで,さらに多くの法律に出会った。新旧の「教育基本法」の中には社会教育との関連で「図書館」という言葉が出てくる。国民の教育にとって,学校教育とともに社会教育や生涯学習の実現には図書館が不可欠な施設とされる。今日の多彩な余暇活動を享受する国民生活の状況からも納得のいく規定である。

　さらに,「図書館法」は図書館で働く者にとって必須ともいえる法律である。その中で,「図書館」を「図書,記録その他必要な資料を収集し,整理し,保存して,一般公衆の利用に供し,その教養,調査研究,レクリエーション等に資することを目的とする施設」と規定する。日常の勤務と照らし,とても納得のいく条文といえる。

　また,「図書館サービス」についても「土地の事情及び一般公衆の希望に沿い,更に学校教育を援助し,及び家庭教育の向上に資することとなるように留意」するとある。図書館

職員としてサービス提供の趣旨を気づかされる条文だ。特に，「土地の事情」という表記は，今日，特に納得がいく。地域の実情を踏まえたサービスであってこそ，利用者のニーズと合致するからだ。

　私自身が特に銘記すべきと教えられる規定だが，「館長は，館務を掌理し，所属職員を監督して，図書館奉仕の機能の達成に努めなければならない」（第13条第2項）とある。「図書館奉仕」は「図書館サービス」と読み替え，その「機能の達成に努めなければならない」ことが館長の責務となる。簡潔明瞭な文言に納得がいく。

　このように，図書館に従事する者として，「憲法尊重擁護の義務」をはじめ，コンプライアンス，法令遵守の精神を自覚することはきわめて重要である。社会が変化をし，図書館業務が複雑化して職員としての立ち位置が見えにくくなったり，判断に迷ったりするとき，指針のよりどころとして図書館に関連する法律をひもとくことも一つの方法だ。

　県立図書館には，市町村立図書館から運営相談が持ち込まれることがある。法令に関することや，多文化サービスや障がい者サービスに関すること，人事上のことなど多岐に及ぶが，頼られるに足る指針や知見を備えていたいと思う。

　県立図書館に求められる指針には，こうした遵法の意義を自ら認識するとともに，遵法の趣旨を発揮して広く市町村立図書館に発信することが含まれる。

2.5 内外の図書館視察に学ぶ

　私は，県立図書館の館長としてまず県内市町村立図書館の

2章　県立図書館の使命と実践………59

訪問を通して多くを学んだ。見聞の意義は実に大きく、さまざまな「図書館の発見」をすることができた。

　そのうえで、日本の各地には注目に値する図書館が存在するし、海外には歴史的な図書館や特色ある図書館もあるが、県立図書館長として、そのいくつかを視察する機会にも恵まれ見聞を深めることができた。振り返ってみよう。

　県立図書館の館長としてその在職期間、実に多くの図書館を訪問することができた。県内市町村立図書館の訪問についてはすでに記載したとおりであるが、県外の注目される図書館やヨーロッパの伝統的な図書館を視察する機会にも恵まれた。いずれも、図書館を学ぶうえで貴重な機会となった。

(1)　県外の図書館訪問

　館長就任1年目、1998年8月に県外図書館を集中的に訪問する機会を得た。8月5日、岐阜県図書館、滋賀県立図書館、6日、奈良県立図書館、奈良先端科学技術大学院大学、7日、大阪府立中央図書館、大阪市立中央図書館を訪れた。

　この中で、岐阜県図書館のネットワーク体制や地図の貸出などは新鮮であった。滋賀県立図書館では館全体のみなぎる活気に圧倒された。図書館が動いている。静岡県立図書館とほぼ同じ職員数で約10倍の個人貸出数や市町村立図書館の貸出冊数を記録している。驚きであった。2日目の奈良先端科学技術大学院大学ではさすが先端の電子化についての取り組みが深く、電子化の課題や限界をきちんと認識しての研究に刺激を受けた。先験的であった。3日目の大阪市立中央図書館は地下鉄の駅とつながっている地理の利もあり、日本一ともいわれる来館者や貸出数を誇っていた。静寂な静岡県立

60

図書館を勤務地とする私は，そのスケールや活気に正直圧倒された。大阪府立図書館にしても充実した体制や施設は，これも静岡からすると目を見張るものがあった。

　これらの視察を通して，静岡で思案してきた県立図書館の在り方が少なからず揺さぶられた感があった。まるで鎖国の江戸武士が欧米を視察した際の衝撃，と例えたら言い過ぎだろうか。各都道府県立図書館が開放的で堂々たるサービスをしているのだ。開かれた，利用者本位のサービス展開こそ図書館の使命，そう思えた。利用されてこそ図書館。

　のちに訪問した仙台市民図書館・メディアテークもエキサイティングであった。コンセプトは，図書館は街通り，といった斬新さ。静寂よりも気軽さ，賑わい。長方形の長い建物は，まるで街の通りを歩いているようで，ふと立ち止まりお気に入りの本と向き合う。こんな発想はどこから生まれたのだろう。若者や女性の声を聞いたに違いない。

　愛知県田原市図書館も街を思わせた。建物も街そのもの，いろいろなテーマで仕切られたり通じたり，構造が楽しい。場所によっては，本を読まないで寝そべっている人も見かける。それも利用の範囲。徹底して官民一体の運営が目指され，ボランティアスタッフがいろいろな場所にいて，職員との区別もつかない。市民ボランティアがガイドやリサイクル本の販売などに生き生きと参画している。

　静岡の市町村立図書館にも個性や特徴があったが，こうして全国の図書館をめぐると，まさに，図書館は生き物のようだ。各地域に住む人間と共生する生き物，とでもいえよう。

2章　県立図書館の使命と実践………61

(2) 海外の図書館訪問

館長時代の 1998 年 12 月，職員とともに欧米の図書館を訪れた。教育委員会の計らいで，県立図書館の新館構想をにらんでアメリカ・カナダコースと，ドイツ・イギリスコースとの 2 班に分かれての図書館視察となった。私は図書館職員，社会教育課職員と 3 人でヨーロッパコースに参加した。

まず，ドイツに入りシュツットガルト市立図書館とドイツ国立図書館を訪れたが，ここでは街づくり計画の一環として新館構想が位置づけられていた。シュツットガルト市中央図書館を中心に分館 20 館，移動図書館 2 台を擁するきめ細かな配置に驚かされた。何より，市民の身近に図書館のあることが保障されていた。そのためか，図書館が生涯学習の拠点として，各分野に専門的な知識を持つ職員を配置して市民のレファレンスに備えていた。豊富な資料とともに，それを活かす職員体制が充実していた点，日本との決定的な違いを知らされた。館長ともなれば図書館学の博士クラスが配置され，私の経歴を聞かれて身がすくむ思いがした。

ドイツには複数の国立図書館があり，その一つであるフランクフルト国立図書館は日本でいえば国立国会図書館に匹敵し，貸出・閲覧よりも，収集・保存とそのための電算化を特徴としていた。納本制度が敷かれ，すべての出版物の受入れは 1 日に 1,000 点にのぼる。ここで参考となるのはインターネット活用図書館の機能で，世界の図書館につながるスケールに目を見張ったが，逆に，これは静岡県立でも実現可能といえそうだ。

他方，英国図書館革新センターの視察では，ここも国立図書館としての装備と人的態勢に目を見張った。まず入ってす

ぐ,「マグナ・カルタ」(本物)が常設展示されていて目を見張っ
たが,一瞥して歴史の重みと伝統を感じた。1200万冊の所蔵,
900人の専門職員を擁して,ここでも全世界とオンラインで
結ばれるシステムを備えていた。

　一気に,静岡県立中央図書館の参考になるかは疑問もあっ
たが,インターネット環境や物流システム,なんといっても,
レファレンス対応へのすぐれた専門職員の配置など,県立図
書館としてもそれに近づける意味では大いに参考にすべきと
感じた。帰国後,館長として世界の一流図書館の見聞を口頭
や文書で報告し,部分的にでも生かしていこうと呼びかけた。
インターネットの活用やレファレンス対応は,段階的に取り
入れられた。また,何よりこうした視察の蓄積が後の,令和
時代に至る新県立図書館構想の中に生かされてくることとな
る。

3章 県立図書館の危機と改革

3.1 県立図書館の危機

　1998 年，県立中央図書館長として赴任して以来，試行錯誤や紆余曲折を経て図書館を学び，業務に取り組んできた。ここで，別のテーマに触れる必要から，改めて時間軸を当初に戻させてもらう。

　実は，赴任した年，県立図書館は大きな危機に直面していた。この件についてはその後の県立中央図書館のありようにも大きくかかわることとしてどうしても触れざるを得ない。

　それは，図書館の予算の中で最も重要な費目である「資料費」が大幅に削減されようとしていたことだ。県全体の財政収支の理由で，「聖域なき削減」ともいえる波が襲ってきていた。加えて，県立図書館には不利な状況が加わっていた。それは，予算折衝の際に提出する図書館サービスの基本指標である「来館者数」や「貸出冊数」，「レファレンス件数」といった数値が軒並み伸び悩んでいたことだ。

　例えば，来館者数の減少。当時，県立図書館には年に約 20 万人の来館者があった。これも決して多い数とはいえないが，私が赴任した 1998 年には 15 万人にまで落ち込もうとしていた。もちろん，県立図書館の立地も影響している。林に囲まれた閑静な，まさに読書するにうってつけの場所ではあるが，

64

JR 草薙駅からバスが出ていても 1 日に数えるほど，歩けば坂道を約 1km は登らなくてはならない。少子高齢化もあり，来館者数や貸出冊数が伸びない理由もわかる。

　しかし，財政当局はそうした数値に普段は無関心でも，年度末には見逃さない。費用対効果が大事だと厳しく迫ってくる。

　当時の県立図書館の資料費は約 6500 万円，これに対して財政当局はさらなる予算シーリング「マイナス 30％」も示唆しながら容赦ない減額を求めていた。概算で 4550 万円にまで低下する勘定だ。次の年には 3185 万円，これは大打撃である。県立図書館を含め県内全体のサービスがたちまち低下することになる。県立図書館の弱体化は市町村立図書館の弱体化だ。まさに「危機」といえた。

　しかし，その割に職員は泰然としているように見えた。それは，依然として県立図書館の存在意義としての「調査研究図書館」や「二線図書館」といった観念に職員が安住していたように私には映った。駿府の気質，殿様のような泰然さ。資料費が少なくなっても，県立図書館だからと悠然としていてよいのだろうか？　この危機は職員の意識に潜むように思えた。このままで県立図書館としての存在意義が保てるのだろうか？

3.2 県立図書館の改革と資料費の確保

　かくして，危機は眼前に迫っていた。

　資料費が削減され，サービスが低下する。それによって県立図書館の評価が下がり，さらに資料費が削られるという悪

循環の罠に捕らわれることは目に見えていた。この危機を打開するには，県立図書館自身が良質のサービス精神を発揮し，県民にもっと県立図書館ならではの利活用をしてもらうことだ。それで県立図書館への評価が上がり悪循環を断ち切る，私にはそれ以外ないと思えた。

　思案した私は，この悪循環を断ち切るべく「開かれた，信頼される，成長し続ける図書館」を基本理念に掲げ，計画的な改革に着手した。

・「開かれた図書館」：図書館の情報開示，規制緩和など
・「信頼される図書館」：市町村や利用者に信頼される力量の確保とサービスの提供
・「成長し続ける図書館」：職員参加による不断の改善・改革推進

　泰然と見えた職員も，待っていたかのように呼応してくれた。新米館長には何とも心強かった。職員の動きから，こうした改革を望んでいたようにも見えた。

　まず手始めに県立図書館の実態を，マイナス面も含めて県民に公表する，いわば，図書館を「開く」ことだ。それにより，図書館の評価がさらに低下するかもしれないが，地力が乏しくて良質のサービスができないのだ，との認識を持ってもらう契機にもなる。一か八かの感もあるが，今は取り繕ってやり過ごす場合ではない。頑張っている姿も劣っている姿もさらけ出してみよう，そう判断した。

　その機会として，「図書館協議会」をターゲットに置いた。

（1）　図書館協議会への情報開示
　図書館協議会は「図書館法」に規定された制度で，「公立

図書館に図書館協議会を置くことができる」(第14条第1項),
「図書館協議会は,図書館の運営に関し館長の諮問に応ずる
とともに,図書館の行う図書館奉仕につき,館長に対して意
見を述べる機関とする」(第14条第2項)とある。図書館の運
営に対して利用者の意見を反映する大事な制度である。今,
県立図書館の危機においてこの制度を使わない手はない,そ
う考えた。

　ただ,行政の事業に対してさまざまな協議会が設けられて
いるが,多くの場合,事務局が差し障りのない現状や課題を
報告し,予想された範囲内の意見をいただいて終える,とい
う展開がよく見られる。しかし,そんな悠長なことで目の前
の図書館の危機を克服することにはならない。何のための協
議会か,取り繕うなどと目的を取り違えてはならない。第一,
図書館の本質は真実を明らかにすることにある。

　図書館の現状を協議会委員に伝えよう。資料費の不足も,
それゆえ,市町村支援に応えられない現状も,また,館が老
朽狭隘で書庫の床に段ボール箱を置いて本を入れていること
も,時に雨漏りすることも,市町村や来館者から寄せられて
いるたくさんの苦情や要望も,配布資料としてありのままに
出そう。そう職員に指示して協議会に備えた。

　他方,協議会委員の構成も従来から関係機関の代表が多く
穏やかな会議になりやすいことも気になった。県議会議員文
教委員,市町教育長代表,大学教員など。とてもありがたい
要職の方々の就任だが,市民の声,県立図書館利用者の声が
届きにくい。それで,そうした声を発信してくれそうな候補
者を職員から募った。よい方がある職員から推された。

　静岡市内で文庫活動をされ,すぐれた児童文学作品も世に

出されている主婦の方。市立図書館への支援活動にも積極的に参画されている図書館の理解者という。願ってもない市民の方だ。

さっそくお宅にお願いに行くことになった。お邪魔するとお宅の壁のいたるところ書架が配置され，児童文学や絵本でぎっしり，何万冊の本だ。一室は子どもたちが自由に本を読めるようなしつらえで，「トモエ文庫」という家庭文庫のために建てられた部屋とわかった。

実に穏やかなたたずまいの方で，初対面とは思えない円満で率直な話し合いができた。さっそく，用件に入る。

「県立図書館の協議会委員になっていただきたいのですが。」

「私は一利用者で，図書館の知識も少なく不安ですが，委員としての何か条件のようなものがありますか？」

「条件といえば，一つだけ，図書館にとってよいと思うことを自由に発言していただくことです。」

自分では忘れかけていたが，こんなやり取りがあった，と後になってこの方からうかがった。おそらく，そのとおりだったと思う。委員就任の条件は，自由に思ったままを発言していただく，このこと以外にはない。しかも，立派に文庫活動や児童文学の執筆，図書館運動などをされている市民の方，人選として実にふさわしい方，との確信が持てた。いい出会いが得られた。新たな図書館への協議を思うと，何とも言えない満足感があった。

この方も含め，新たな陣容でこの年の県立中央図書館協議会は発足した。

68

（2） 新たな図書館協議会のスタート

　協議会開催の日，思いがけないことが起こった。

　それは，新委員が図書館のエレベーターに乗って会場に向かう時のこと，エレベーターが途中でストップしてしまったのだ。文教委員を務める県会議員は思わず「県立図書館の施設はこんなにひどいのか，何とかしなくちゃいかんな！」と大きな声でそう言った（偶然とはいえ，あまりのタイミングに笑みをこらえた職員もいたという。もちろん，意図的に電源を切ったりはしていないが）。その議員さんは協議会のあいさつでそのことを述べてくれた。ありがたい追い風になった。

　さて，事務局説明では打ち合わせどおり，県立図書館に関する現状を余すことなく表す資料が配布，説明された。各委員は驚いた様子で目を凝らし耳を傾けてくれた。その後の協議においては，「何とかしなくちゃいかんな」という声が相次いだ。

　さらに，翌朝の地元紙では「県立図書館蔵書，全国ワースト4」の見出しとともに，協議会の内容を伝える記事が社会面のトップを大きく飾った。県民一人当たりの蔵書や資料費は全国のワーストを争うレベルなのだ。取材に来ていた記者も驚きとともにそこにニュースバリューを感じたに違いない。

　開かれた図書館の最初の実績として，やや皮肉だが，県立図書館の置かれた低水準の状況が広く世間にも知られることとなった。財政力指数全国10位に位置する雄県としての県立図書館のこの状況は，少なからず県民に驚きとなって届いたに違いない。

(3)　県立図書館のサービス展開

　だからといって，すぐに資料費が増額されたり，老朽化が改善されるわけではなかった。我々図書館の側の努力も求められた。何より，県立図書館のサービスをもっと発信する必要がある。ここからが本番といえた。

　職員が動いてくれた。

　「利用者のために図書館資料検索にも使えるパソコンの初歩的な操作研修をやろう」，若い職員のその提案，「インターネット初心者講座」はさっそく実施に移された。希望者を募ると毎日 10 人を超える応募者が集まった。年配の方もいてパソコンの操作技量には差があったが，職員は初心者に対して懇切に教えた。好評でこの企画は続いた。

　創意は企画を生む。職員は次々に新たな企画を提案し，館長は受け止めた。

・インターネットホームページの開設（県立図書館所蔵の貴
　重書，浮世絵も掲載）
・駅前文化施設（グランシップ）に県立図書館の出先絵本コー
　ナー開設
・市町村立図書館(46 館)窓口での図書返却と県庁に返却ボッ
　クス設置
・インターネット利用者端末 8 台開放，メールレファレンス
　開始
・雑誌の個人貸出開始
・利用者講座の拡充（年間 15 講座）
等，1998 年以降，新企画が次々に実施に移された。

　館内見学会も企画された。数十万冊を擁する県立図書館書庫の規模に目を見開きながら，参加者は専門書の多い本の間

を興味津々に歩いた。

　開館時間の延長にも職員は協力的だった。県立図書館は1999年に金曜日のみ午後8時までの夜間開館を実施したが，延長を望む利用者の要望を受け入れ2000年4月1日より水，木，金の3日間を午後7時までの夜間開館日に拡大した。この措置は利用者にはとても好評で喜ばれたが，交代勤務とはいえ，夜間勤務を受け入れてくれた職員には感謝しかない。

　最も注目されたのは「年末年始の開館」であった。従前からその時期は閉館して利用を止め，職員もゆっくりと自宅で過ごすのが恒例であったが，その時期を開館して希望する利用者には図書館で過ごしてもらう，という思いがけない発案がどこからか出た。確かに，世間が喧騒しやすい年末年始を静かにゆったりと読書でもしながら図書館で過ごしたい利用者もいるかもしれない。

　ただ，職員が健康不安に陥ったり生活に犠牲を払うような事業であってはならない。慎重さも求められた。議論を重ねた。結果的には，独身の職員がその期間の勤務を買って出てくれた。また，私もいいよ，と申し出てくれた既婚者もいて頭が下がった。複数の交代勤務体制ができた。

　結果的に年末年始の2日ずつ4日間，計約1,500人，1日にして400人弱の人々がその時期を図書館で本と過ごした。新聞に小さく出たが，評価はともかく，少なくとも来館されたみなさんにはとても喜んでいただけた。出勤に協力してくれた職員が満足げであったことがうれしかった。

　このことで思いがけない情報が入った。県知事が仕事始めの式で県庁幹部に向けて，県立図書館の年末年始開館について高く評価する話をされたというのだ。職員には朗報となっ

3章　県立図書館の危機と改革………71

た。

(4)　危機が招いた職員の意識改革

　職員のアイディアを元に，図書館としてよいと思えるサービスをやっていこう，これは職員の意識改革にもつながった。能動的な図書館への意識改革といえた。

　この意識改革の実現にはさまざまな要因があったように思う。県立図書館の責務や機能といった根本的な議論を重ねてはこなかったが，館長として直面する危機と乗り越える方策は課長・係長会や職員全体会で何度も職員に訴えてきた。危機を乗り越える改革のスローガンとして「開かれた図書館」も提唱した。また，日常の館長の発信としては「けやきメッセージ」をほぼ週に1回発行して図書館運営についての考えを伝えてきた。こうした積み重ねが職員を動かしたのかもしれない。

　何より，職員の創意や企画が原動力となった。泰然と見えた職員も内に秘めた改革の熱い意欲があった。特に，指導主事をはじめ中堅職員が次々に新しい企画を提案した。

　中でも，初心者インターネット講座や，図書館ツアーなどの発案は新鮮であった。新規講座は10以上を数えた。一連の新たな取り組みに際立った反対は起こらなかった。むしろ，変化の機会を待っていたかのようだ。もちろん，新しい企画が職員の負担を招くことには最大限の配慮と謝意を伝えた。

　こうした改革は職員の負担につながったはずだが，私は2024年8月，図書館を尋ね，当時の職員2人にそのあたりの本音を聞いてみた。

　「きついという思いもあったが，やるしかなかった。」

72

「資料費もどんどん減らされたりして，改革反対の気持ち
よりみんなで何とかしたかった。」

危機を前に，チーム県立中央図書館職員，私たちは結束し
た。

(5) 市民からの図書館支援活動

　図書館協議会でも呼応するような動きが起こった。

　協議の中で県立図書館の諸々のサービス改善を評価する一
方，資料費が削られたり，雨漏りがしたり，（エレベーター
が止まったり？）を心配する声が上がり始め，「県に働きか
ける必要がある」といったありがたい意見が続いた。

　先に触れた，文庫活動をされている市民代表の委員が動き
出した。加盟している「静岡市子どもの本を読む会」や文庫
の仲間，図書館仲間などに呼びかけて「頑張っている県立図
書館を応援しよう」のエールを発信，具体的には「資料費の
増額」とそれによる「市町村立図書館の支援強化」を謳い，
署名活動を始めたのだ。私も含め，県立職員はこの動きにと
ても驚いた。我々にはない発想だ。

　この運動の核となる「県立図書館サポーターネットワーク」
の立ち上げに賛同団体29，賛同人124人が集まり活動に火が
ついた。県との予算折衝まで日にちは限られている。手弁当
の草の根活動は精力的であった。火は野火のごとくに広まり，
なんと，わずか3か月で14,479人の署名を集めたのだ。

　署名の提出先は県教育長と県知事。ともに懇切な対応をし
ていただき，県立図書館の存在は思いがけない関心と注目を
集めた。杉田豊県教育長は読書の意義を高く評価され，石川
嘉延知事は予定時間を大幅に越えて署名活動代表者と県立図

3章　県立図書館の危機と改革………73

書館の話を熱く語り合ったという。

　職員の努力や署名活動の実績が実を結び，その年の年度末には県立図書館資料費は500万円増，その翌年にはなんと3000万円増加して1億円に達した。館長としてはただただ驚きと感謝であった。職員に，協議会委員に，署名活動されたみなさんに，そして知事に。この予算であきらめていた資料を購入し，利用者に供したい。協力車で市町村に届けたい。念願がかなう時が来た。

(6)　資料費確保の近道

　資料費についてはそれから9年間，1億円の水準が維持された。県の財政事情に左右されることなく，いわば，聖域化された。県立図書館の収集方針に沿って安定的に資料を購入できる意義は計り知れない。厳しい財政状況下の奇跡，といっても過言ではない。何より，石川知事の教育，文化を大切にされる見識はすでに知られていたところであるが，県立図書館資料費の確保に向けた英断は画期的と県内外から注目された。後に，全国的に図書館の資料費が削減される中，『図書館雑誌』から館長あてに静岡県立中央図書館のまれな資料費増額のことを執筆してほしいとの依頼が舞い込むことにもなった。私は「静岡県立中央図書館の改革と資料費の確保」と題してこれまでの経過を熱く綴った（資料編 p.161～168）。

　論文の最後に，「むすびにかえて―資料費確保の近道」としてまとめた。以下に要約する。

・図書館の現状分析，方向性を踏まえたうえで改革を推進し予算要求を行う。

・一連の改革がそれなりの成果を生み，資料費確保を導いた。成果の発信も大切。図書館サービスの拡充こそ予算要求の前提。

・自館の弱点や課題を公表する勇気を持つ。図書館協議会やマスコミ対応。

・予算要求を裏付ける分析や理論化を図る。まず利用者分析を。

・教育委員会，知事部局の理解・共感を得るための説明や発信を。

・館長は職員の意欲と参画が改革の原動力との認識を持ち，職員の創意に向き合い，具現化に努め，それを讃える。

（県立図書館の利用状況，資料費の推移は資料編 p.165, 167 参照）

「振り返ると，資料費確保だけを達成する近道はないように思う。利用者の願いを実現しようとする日々の努力こそ結果的には近道だったような気がする」，論文をこう結んでいるが，今もそう思う。

県立図書館の危機はこうしてひとまず回避された。

3.3 2世紀をまたいだ県立図書館長勤務

素人館長が図らずも4年間も県立図書館長として勤務することとなった。これは，歴代館長と比べ長いほうであった。2～3年が通例のところ，不出来な素人館長には卒業までに4年は必要だったかもしれない。

しかし，この4年，1998年～2002年の4年は，奇しくも20世紀から21世紀への4年であった。歴代，どの館長も経

験できなかった 2 世紀をまたぐ 4 年，こう考えると，なんだか誇らしくうれしくもなった。

　いったい，世紀をまたがることの意義とは何であろうか。単なる日付の継続に過ぎない，という冷めた見方も当然にあろう。事実，そのとおりだ。

　しかし，やがて歴史の教科書にはその区分を「20 世紀」と「21 世紀」と明確に区分し，各世紀の特徴や歴史的意義を重々しく規定することだろう。

(1)　世紀をまたぐ動き①── 子ども読書活動の振興

　前置きが大げさになったが，私が 2 世紀をまたぐ図書館長勤務の意義を自覚するようになったのには理由がある。

　それは，20 世紀から 21 世紀への移行に際してのわが国図書館界とそれに影響を及ぼす政界の動きによる。

　まず，2000 年を迎え，新たな移行期，始動の兆しともいえるが，国会が動き出す。両院超党派議員による圧倒的な賛成によりその年，2000 年を「子ども読書年」として決議したのだ。

　衆議院に先んじた「参議院の決議文」の一部を掲げる。20 世紀における世界の紛争や貧困，わが国における校内暴力やいじめなどへの憂慮を綴った後，

　　「われわれは，20 世紀の反省と教訓の上に立って，新しい世紀を担う地球上のすべての子どもたちに，人権を尊重し，恒久平和の実現と繁栄に努め，伝統的な文化遺産を継承することを託さなければならない。」

とし，その第一歩として，「国際子ども図書館」を開館する，と述べ，さらに，

　　「読書は，子どもたちの言葉，感性，情緒，表現力，創造力を啓発するとともに，人としてよりよく生きる力を育み，人生をより味わい深い豊かなものにしていくために欠くことができないものである。
　　本院は，この読書の持つ計り知れない価値を認識して，子どもたちの読書活動を国を挙げて応援するため，平成12年，西暦2000年を『子ども読書年』とすることとする。」

と決議した。このような，格調に満ちた，子どもたちに寄り添う決議が過去にあっただろうか。私は，読むたびに感動を抑えきれない。
　こうして，21世紀における読書の意義が国権の最高機関，国会により決議された。実に意義深く歴史的な出来事だ。
　そして，

・2001年　「子どもの読書活動の推進に関する法律」（「子ども読書活動推進法」）成立
・2002年　「子どもの読書活動の推進に関する基本的な計画」（「子ども読書活動推進計画」）文部科学省制定
・2003年　「学校図書館司書教諭の発令について」文部科学省通知
・2005年　「文字・活字文化振興法」成立

と，読書活動に関する重要な動きが国レベルで続いていく。

3章　県立図書館の危機と改革………77

そして，静岡県でも 21 世紀の意義を踏まえて，これに呼応して数々の読書活動の取り組みに動いた。

・2001 年　「学校図書館ボランティア講座」実施
・2002 年　「読み聞かせボランティア短期講座」開始
・2004 年　「静岡県子ども読書活動推進計画」策定（計画の中で「読書県しずおか」提唱）
・2004 年　「静岡県子ども図書研究室」開設
・2007 年　静岡県読書ガイド『本とともだち』作成

　国と連動して，動きとしてはかなり素早く，県の対応には 21 世紀の「決議」が強く込められていた。もちろん，県立図書館もその動きの中心にあって，図書館や読書活動振興の機を逃さない覚悟で臨んだ。

　改めて，県立図書館は県内の図書館と連携して，子どもたちを含めた人間の自由や人権を守る砦として，平和に暮らすための大事な施設であることを深く認識することとなった。

　予算の確保や利用者サービスといった局面も大事だが，21 世紀における図書館の存在意義といった根本的な問題にも目をそらしてはならないことを自覚した，私の 2 世紀にまたがる図書館勤務であった。

　図書館運動や読書活動は黙っていて保障されるものではない。その時代を生きる人々の認識や実践への覚悟が結集して初めて改善される，実に危ういものだ。順風もすぐに逆風になる。それゆえに，かかわる者の不断の努力を必要とし，機運を大事にしないと危機はやってくる。その意味で，館長や職員の職務には実に重いものがある。図書館の「危機と改革」

を考えるうえで，こうした不易で歴史的な視点を欠いてはならない。

(2)　世紀をまたぐ動き②──民営化問題

　その点で言及するなら，館長として歴史的な視点に立って判断をした出来事がある。

　21世紀になって間もなく図書館界を揺さぶる民営化の議論が起こる。規制緩和の動きの中で「地方自治法」を改正して，公共施設に企業や各種団体等の参入を認め，柔軟な運営によるサービス向上や効率的運営を目指してそれを図書館にも適用可能とするというのだ。その先には図書館への「指定管理者制度」導入の議論がある。

　県立図書館として，この民営化についてどう考え，それへの導入を選択するか，といった奨励を含みとも思える調査が来た。2000年頃，出所は県庁のしかるべき部署からと記憶する。

　館長としてこれは非常に重たい，重要な判断を要すると身構えた。もちろん図書館資料を用いてこの制度の経緯や意図を学んだり，ベテラン職員を呼んで意見を聞いたりして参考にもしたが，最終判断は館長に委ねられた。

　県立図書館の未来を左右する判断を下すにあたって，私はまず，県立図書館の存在意義や果たすべき使命，市町村立図書館と一体となった県民サービス提供の意義などを思慮した。この公的な施設を，例えば，ある事業体に委ね流行ベストセラー本を中心に収集，貸出したり，人件費につながる専門職の司書を削減したり，手間のかかる市町村立図書館支援をカットしたりしたらどうだ，具体的に想像もしてみた。第

3章　県立図書館の危機と改革………79

一，ベストセラーを大量に収集，貸出すれば町の本屋さんを間違いなく圧迫する。並んでいる本は公共図書館にふさわしいものなのか？　正規の司書のいない図書館でレファレンスはどうするのか？

　仮に，図書館の運営を民間委託にすると，県立図書館に強く求められている専門性や中立・公平性，奉仕の精神などは減失，喪失に向かうだろう。教育委員会直営の意義もそこにあるのだ。そもそも，この制度は図書館そのものにはなじまない，そう思えてきた。

　もちろん図書館は税金で営まれており，浪費や効率無視は許されない。来館者数や貸出数も大切，よいサービスに創意や工夫を重ねることはもちろんだ。それらは，直営で十分実現できる。県立中央図書館でもそれらを追求してきた。各市町村立図書館も頑張っている。

　私は，県立図書館としてこの制度は採用できず，教育委員会直営でいく旨回答をした。県の図書館界をリードする立場からもそう判断すべきと考えた。

　その後，この議論は日本中に広がり，県内でも，実際，「指定管理者制度」に移行する市立図書館も出現をした。入りやすい面白い図書館，効率的で費用を削減できた図書館，そういった評価の声がないではない。その実態が注視され，視察も増えてまた新たな議論が起こった。議論は大切だ。

　私は，精いっぱいに考え結論を下したが，今でも，その判断でよかったと思っている。館長は，図書館史の岐路に立ち，判断を求められることがある。間違えてはならない。

80

4章 図書館支援の継続
県教育長，図書館協議会長，子ども読書活動推進委員長として

　県立図書館長を退いて後，いろいろな任務に就いてきたが，それぞれの立場で図書館支援を継続してきた。読書活動や図書館活動を支援することは個人的にも，社会的にも意義があることを確信したからである。また，支援につながる立場に就き続けてきたことも幸運であった。

　以下に，そうした活動の概要を記してみたい。

4.1 県教育長の仕事と図書館

（1）　県教育長の仕事と図書館行政

　2002年4月，私は県教育委員会より静岡県教育長を拝命した。教育行政全般の責任者となり，まさに身の引き締まる思いだった。

　ちょうどその頃，全国的に教育改革の議論が沸騰し，特に，日本の子どもたちの学力低下を指摘する声が渦巻いていた。一方で，静岡県での国体開催も近づいていた。これをスポーツ振興のチャンスとすべきだ。また，文化活動も盛り上げたい。かつて，生徒と参加した高校文化祭の意義も理解していた。

　教育長の仕事の守備範囲，教育行政の任務は学校教育のみ

ならず，社会教育や生涯学習，体育・スポーツや文化・芸術にも及び，4月当初の関係機関へのあいさつ回りや関係会議の多さには驚かされた。議会対応も重要だと教えられ緊張する。各党，各会派の議員名を覚えることも仕事。教育長の守備範囲は学校を越えて広範に及ぶ印象だった。

　もちろん，その範囲の中には「図書館行政」も入り，県立中央図書館への関心は常に私の中にあった。「県立図書館の充実とそれによる県内市町立図書館の支援強化」は館長から教育長になっても重要なテーマだ。

(2)　知事への直訴：司書の公募採用

　教育長の仕事が少し軌道に乗り始めたころ，私は知事室を訪れて石川嘉延知事に一つの懇願をした。それは，県立図書館の司書を全国公募したい，というものであった。その機会をずっとうかがっていた。ただ，人事案件の，しかも定数増につながりかねず，財政当局が最も警戒する案件である。知事室に入室する際は緊張を抑えきれなかった。

　石川知事と向かい合い，私は訴えた。

　図書館にとって司書を確保することは重要な施策である。資料に精通し，図書館業務に精通する専門職員がいてこそ，図書館のサービスは質的に高まり，利用者の満足度も高まる，と。さらに，県内図書館の中でも県立図書館の扱う資料や相談にはより専門性を求められる，そして，その専門性は自館の充実のみならず，市町立図書館の支援にもつながり，県の図書館サービス全体に波及する，その好循環を生み出すには高度な専門性を有した司書を全国公募により採用したい，ぜひ，ご理解ください，と。

私の訴えをじっと聞いていた知事は，突然「何人採用したいのかね」と言われた。私は恐る恐る「計画的に，数年で5人願います」と言った。すると知事はびっくりするようなことを言われた。

　「教育長さん，桁が違いませんか？　50人にしたらどうです？」

　私は耳を疑った。「50人！」，今すでに50人近い職員がいてそれぞれの仕事に当たっているのに，さらに50人の司書の増員，あり得ない数であった。

　とっさに言葉の出ない私に向かって，知事は続けられた。

　「何か，新たな施策を打つときは，ちまちまやらないで規模を大きく，どんとやるべきです。それで，注目が集まり，効果も大きく出る。」

　これが政治家，県をリードする知事の発想かと感嘆した。もちろん，私は知事の提案を固辞して「5人の公募採用」を感謝した。

　何より，知事が図書館の運営にとっての司書の大切さについて理解を示されたことがうれしかった。知事の英断に感謝しつつ，静岡県の図書館のために不可欠な施策として定着させ，この公募制採用を必ずや生かさねばと我に言い聞かせた。

　かくして，公募の情報は全国に発信され，2人採用予定のところに200人余の応募があった。全国的に司書採用がまれな折，たちまちにそうした数の応募者が登録された。人事の部署により試験は厳正に進められ，晴れて優れた司書，ライブラリアンを2人採用することができた。他県での図書館キャリアも豊富で，意欲に満ちた一級の司書と聞き，関係者ともども安堵した。

4章　図書館支援の継続………83

静岡県に合格した人のうち，司書の一人は「静岡県でどう
しても児童サービスをやりたかった。ここでさらに学んで力
をつけ働きたかった」と当時の意気込みを回顧してくれた。
　以後，全国公募の司書採用は今日まで累積十数人に達して
いるが，それぞれ専門性が高く県立図書館司書にふさわしい
立派な仕事をしてくれている。同時に，他の図書館職員へ専
門職としての好影響をもたらしてきた点も見逃せない。司書
の公募採用により職員のチーム力は間違いなく上がった。
　各自治体とも財政難の折，静岡県が行った資料費の増額，
安定確保と司書の計画的全国公募採用は，図書館界でそれな
りのニュースとなり評価をされた。

4.2 「読書県しずおか」構想と実践

（1）「ゆとり教育」と「確かな学力育成会議」の発足
　2002 年，県教育長に就任してすぐに取り組んだ課題が学力
保障の問題であった。
　当時，学習指導要領の指針は「ゆとり教育」と銘打たれ，
教科書や授業時間を削って「総合的な学習の時間」に代表さ
れるような，子どもたち自身が自ら課題に取り組む創造的学
びの確保が目指された。言い換えれば，知育においては基礎
基本の学力を定着させ，その後は個に応じて発展的に学力を
伸ばしていく仕組みを構想していた。学習以外の自発的な研
究や文化，スポーツなどにも取り組める体験の保障も目指さ
れた。例えば，岡部町（現・藤枝市）の総合学習では，小・中
学校の長いスパンで課題に取り組み実践を発表していて，中
央教育審議会（以下，中教審）の委員が視察に来るなど全国的

にも注目を集めていた。

　ところが，経済協力開発機構（OECD）による「学力到達度テスト」（PISA）の結果に議論が沸き起こった。日本の子どもたちのテスト結果が低下して，いわゆる発展途上国にも抜かれ始めたというのだ。確かに，2000年，2003年と日本の子どもたちのテストでは順位は低下していた。さらにこの後，2006年のテストでも低下が続く。課題活動により知育がおろそかになっていないか，不安の声が起こった。

　「ゆとり教育は学力を低下させたのか？」，「ゆとり教育から一刻も早く脱するべきなのか？」，「子どもたちの学力をどう保障すべきなのか？」

　こうした議論は国会だけでなく，わが静岡県議会においても盛んに論じられるようになり，議会では連日，県教育長に対して厳しい質問が飛んできた。こうした議論を通し，私は子どもたちの教育に関心を持つ教育関係者や保護者の方々の抱える不安や危惧にも応えたかった。

　「学力とは何か」，この議論も起こった。

　こうした状況下，私は「確かな学力育成会議」を発足させた。学力とは何か，その育成にはどうすべきか，このテーマに県独自で取り組む意思表示を内外に示した。座長は「ゆとり教育」を提唱した本県出身の元文部科学大臣，有馬朗人氏，委員には学力問題の専門家，市川伸一東京大学教授をはじめ，河合塾代表や学校長，PTA代表など各界そうそうたるメンバーで会議は構成された。特に，有馬氏からは「ゆとり教育」の真意をうかがう機会にもなった。単純な賛否の渦に巻き込まれて子どもたちを育てる根本を見失ってはならない。

　国の中教審に対し，この会議を「地方教育審議会」と銘打

4章　図書館支援の継続………85

ち地方としての自負の決意も示した。会議での議論はまれに
みる活発な様相を呈した。毎回の会議を終えて，有馬座長は
「活発な会議でとてもよい」とおっしゃられた。

『教育新聞』は，一面トップ記事でこの取り組みを大々的
に報じた。記事の論調は教育行政を国任せにするのではなく，
地方が自らの責任において子どもたちのための教育の方針や
方策，カリキュラム編成などを審議する意義に注目した。

話が遠回りになったが，この議論の中に「読書」が含まれた。
会議では，静岡の子どもたちに身につけさせたい学力を保障
する「県版カリキュラム」を教科ごとに策定したが，「国語」
においては中学，高校ともに，「読書」の意義と必要性が盛
り込まれた。読書を通した読み・書きの力，読解力の育成な
どは多くの支持を得た。

私は，21世紀を生きる子どもたちには読書を通して感性や
知性を育んでほしいと願ってきた。この世紀は不安で，不確
実な，いわば答えのない時代といえるが，その時代を生き抜
くためには読書を通してさまざまな考え方や生き方を吟味
し，自らの判断や行動基準を見出してほしい。これは，教科
としての国語を越えたすべての子どもたちへの願いといえ
た。読書は，子どもたちの成長を支える必須の刺激と栄養だ。
確かな学力には読書は不可欠である。

(2) 「読書県しずおか」構想と実践

この会議を経ながら，私の中で「読書県しずおか」なる構
想が日に日に固まっていった。読書は本来，個人の自由な楽
しみで，子どもたちには野山で遊んだりスポーツに親しんだ
り，そして，読書も楽しめる自由度がふさわしい。そうした

配慮の中で教育行政ができることは何か。子どもたちの成長に必要なバランスとして、読書への導きを選択した。静岡では、子どもたちはどこに住んでいても学校や家庭で読書を楽しめる。大人も生涯を通して読書に親しんでいる。家では読み聞かせや本の話題で子どもたちと交流の時間が生まれる。そして、時に本屋さんに行き、図書館に行ってお気に入りの本と出会う。図書館には豊富な本があって、傍らにはいつでも相談に乗ってくれる司書さんがいる。そんな素朴な「読書県しずおか」の構想。学力の議論にも耐えうる構想だ。

「読書県しずおか」、この命名は担当との話の中でおのずと固まり、「確かな学力育成会議」に講師としてお招きした齋藤孝氏にも相談したところ「それはいいですね」と大賛成をしていただいた。これで確定。

もちろん、教育行政としても全面的にこの構想をバックアップして推進する。ただちに県教育委員会の社会教育課、学校3課（義務教育、高校教育、特別支援教育）をはじめ関係各課代表が集まり、「読書県しずおかづくり」の委員会を発足させた。各課からは賛同の声が相次ぎ、具体的な進め方が議論された。特に、学校のスケジュールは過密で、「読書タイム」をどう確保するかが課題として問題提起された。

「読書タイム」は多くの学校で、教職員の朝の打ち合わせ時間に当てられた。先生を待つ朝の10分、15分に児童・生徒がお気に入りの本を読む、学校によっては読み聞かせボランティアさんが各学年に配慮した本を読んでくれる。自分で選書をして、読書する子どもたちもいる。この「読書タイム」によって、学校が落ち着き、子どもたちの読書習慣のきっかけにもなったという報告が相次いだ。次年度までに小・中学

校の実施率は99%，高校，特別支援学校では約70%に達した。想像以上の実施に「読書県しずおか」に対する学校の支持と評価を感じた。

　旧知の高校長が教育委員会を訪れた際に，「朝読書のおかげで学校が落ち着いてきましたよ。それに，本を読んで漢字や言葉を覚えるし，自分で本を探して読む子も出てきて驚いています」と言ってくれた。教育委員会へのエールが含まれているにせよ，現場からのうれしい声と受け止めた。

静岡県の小・中学校，高校，特別支援学校における読書実践
　朝読書，読み聞かせ等実施学校数（実施率）

	平成13年度	平成14年度	平成15年度
小学校	509 （95%）	523 （98%）	538 （100%）
中学校	249 （91%）	267 （98%）	273 （100%）
高等学校	54 （51%）	62 （59%）	81 （ 77%）
特別支援学校	15 （79%）	14 （74%）	14 （ 74%）

（『学校図書館』第644号，2005.4，p.51より）

　「読書県しずおか」構想を推進するうえで，組織的な整備も重要であった。

　県の推進計画の進捗管理や新たな推進施策の検討，提案を行うため，2004年から外部有識者等で構成する「静岡県読書活動推進会議」を設置し，年に3回の会議を実施した。また，県教育委員会の社会教育課，学校3課，県総合教育センター（学校図書館担当指導主事），県立中央図書館などの担当者と，知事部局の私学振興課，子ども未来課の担当者からなる「静岡県読書活動推進会議担当者会」を定期的に開催し，連携を図った。こうして，「読書県しずおか」の活動が組織的にも

広く全庁的な取り組みへと拡充していった。

　他方，学校や公民館での読み聞かせボランティアを支えてくれたのは「読書アドバイザー」であった。県教育委員会が「県読み聞かせネットワーク」を立ち上げ，アドバイザーを養成して，熟達したアドバイザーが読み聞かせボランティアスタッフの養成を担った。こうして，全県的にアドバイザーとボランティアが育成され，「読書県しずおか」の実践部隊として活躍することになる。ネットワークの会議では「アドバイザー，ボランティア養成1万人計画」が提起され，意気が上がった。

　島田地区で「読書アドバイザー」を長年にわたり務めてきた女性に語っていただいた。

　「それまでも小学校や地域で読み聞かせ活動をやってきました。校長先生からの地域の人にぜひ学校に来てやってほしいとの呼びかけに応じました。ボランティアを重ねながら，関心が湧き県民カレッジの講習を受けて読書アドバイザーになりました。でも，ボランティアの育成というより，いろいろな読書グループの皆さんと一緒に読み聞かせを続けました。私自身の生涯学習とも思います。」

　このように活動の概要を話された。今までの30年の活動を，一言で「楽しいです」と明るい声で語ってくれた。

　どうやらアドバイザーもボランティアも明確な区別はしていないようだが，ともに力量を高めながら楽しく子どもたちに読み聞かせを届けているようだ。

　子どもたちの読書推進を支えてくださったアドバイザーと

4章　図書館支援の継続………89

ボランティアスタッフのみなさんには感謝しかない。

　なお,「読書アドバイザー」の制度はその後も県内に定着し,読書活動を支えている。県単位の事業としては社会教育課で毎年実施される研修会がある。

　「令和6年度静岡県子ども読書アドバイザーフォーラム」の開催要項からその内容を確認する。

　「目的」として「子ども読書活動推進について県の現状,各市町の取組等を理解するとともに,県子ども読書アドバイザー,県及び市町立図書館職員,各市町の担当者等の連携を強化し,地域における子どもの読書活動へのさらなる取組推進を図る」とされる。フォーラムの中では,基調講演や社会教育課からの行政説明のほか,子ども読書活動の優秀実践報告が町立図書館から報告されるなど,関係者がともに学び合う機会となっている。奇しくも,令和6年度のフォーラムでは基調講演の講師として私が指名され,「読書,図書館とそれを支える人々」と題して話をしたが,受講者の熱意が会場に満ちて「読書県しずおか」への期待のふくらむ時間となった。

　静岡県でも子ども読書をめぐり,家庭での読書環境に格差が顕在化したり,学校での「読書タイム」が教員の働き方改革やGIGAスクール構想などの影響で削減されがちになるなど,安泰とは言い切れない状況の中で,このフォーラムの意義は大きい。

(3) 「学校図書館担当指導主事」の配置

　読書推進の体制づくりとして,もう一つあげたい。それは,「学校図書館担当指導主事」の新設だ。

　学校での読書活動を定着,推進するためには,各学校への

支援や助言，学校図書館の運営，授業展開，公共図書館との連携など，教育委員会の任務として山ほど仕事がある。私は，専任指導主事の必要性を感じていた。「学校図書館担当指導主事」は「読書県しずおか」にとって大事な新設ポストだ。

このポストについては，2004年に策定した前述の「静岡県子ども読書活動推進計画」において次のように定められた。

「平成16年度以降，県総合教育センターに学校図書館担当指導主事1名を配置するとともに，県立中央図書館に『子ども図書研究室』を設置し，学校図書館関係者，子ども読書活動関係者等の支援を図っています。」

指導主事の業務については，同計画で
「(1)　研修の企画・運営
　(2)　子どもの読書活動に関する助言
　(3)　学校図書館等の機能の強化
　(4)　学校図書館についての調査・研究」
と定め，県立図書館や学校図書館と連携しながら読書活動の推進に努めることとした。

そこで，県内教員の中から特に学校図書館活動や読書活動に熱心で実績を上げてきた教諭を充てることとした。

ただ，教育委員会の限られた定数を一つ生み出し指導主事に当てることは簡単ではないし，生み出すためにはどこか削らなくてはできない。各課，総合教育センターの協力あっての新設だった。全県の学校を視野に入れてのこの発令は，全国的にもきわめて珍しいとのことであった。

厳選の結果，最も適任の中学校教諭が任命された。当の石

田直美教諭は司書教諭として日ごろ学校図書館を活用した授業などに取り組む等，実績と適性は十分であった。細江町立細江中学校在職時，教諭の論文「学校と公共図書館との連携」は2003年度の「静岡県教育研究奨励賞優秀賞」を受賞するなど高く評価されていた（2003年12月18日，『中日新聞』，『静岡新聞』朝刊県内版に受賞者掲載）。

　石田教諭は指導主事に任用されると水を得た魚のように，各学校の図書館を精力的に訪問した。自らの責務は「子どもと本をつなぐこと」，そして，「授業改善は図書館から」の信念のもと活動を重ねた。特に，「子どもたちを図書館に誘う廊下の掲示，子どもたちを迎える図書館入口の工夫，配架と蔵書など点検しました。本が動いているか，すなわち，本が子どもたちのところへと届いているか，子どもたちがどんな表情で本を探して読んでいるかを見たかった」と手紙で綴ってくれた。

　また，ある時，石田指導主事は特別支援学校でベッドに横になって伏せている子どものために読み聞かせをした。

　読み終えた際に，同席された教員が「ああ，本が楽しかったのねえ」と子どもに話しかけられた。教員は，子どもの指がほんの少し，1cmほど動いたサインの反応を見てそうおっしゃったのだ。サインはうれしい，楽しい反応。この体験は，子ども読書活動の奥深さを教えてくれたと指導主事は述懐された。

　こうして，初代「学校図書館担当指導主事」は，フル回転の活躍をして「読書県しずおか」づくりに貢献する。

　特に，学校図書館担当の職員等を対象に，専門知識や技術を高めるための研修やボランティア，保護者等に対して適切

な助言を行うこと等が求められた。

さらに，担当指導主事として県総合教育センターにおいて，司書教諭を対象とした研修会の実施や学校図書館活用授業等の研究を重ねた。

指導主事は「静岡県で私ほど学校図書館を訪問した人はいないと思います」と誇らしげに話してくれたが，学校図書館を訪れ子どもと本をつなぐ企画や実践について各学校を支援した。さらには，県内外の公共図書館訪問や，夏休みには自費でアメリカの図書館まで視察に行くほど熱心に取り組んだ。

こうした一連の「読書県しずおか」の取り組みを体系化し，浸透させたのは，前述の「静岡県子ども読書活動推進計画」の策定による。この計画の副題には「『読書県しずおか』を目指して」が添えられその決意を示した。計画では，子どもたちが「家庭」，「地域」，「園や学校」，そして，「図書館」で読書を推進する方策が具体的に明示され，実践に向けての指針となった。県の計画は，各市町の計画づくりにも指針として活用されていく。市町もほどなく計画策定に着手した。

かくして，子ども読書計画は国から都道府県へ，そして市町村へと静岡県を含め，日本中を網羅することになった。

ところで，この静岡の読書県の取り組みは他県にも少しは届いたようで，その頃，千葉県市川市から教育委員会の関係者が視察に見え，「市川市では市内だけでこうした活動を行っていますが，静岡では全県で実施されている，画期的だがどうして可能なのですか？」と尋ねられた。千葉県と言えば読書の盛んな地域だけに，思いがけないうれしい質問といえた。

また，私も中教審の臨時委員に任命され，「生涯学習部会」で読書について語る機会をいただいた。

4章　図書館支援の継続………93

静岡県で「読書県しずおか」構想が可能になった理由を一言では言えないが，活動にかかわってきたすべての人たちの読書への理解と実践意欲が根底にあったことは間違いない。

4.3 公共図書館への支援

県教育長やその後の仕事を通してやれたことの中に，公共図書館への支援がある。市町村立図書館をはじめ，大学図書館などとの交流や連携は長く続いた。県立図書館を皮切りに，図書館とのご縁をいただいたものとして，また，今日，読書の意義を確信する者として，どのようなポストにあっても読書活動や図書館を支援することは当然のことと考えた。特に，県立図書館館長として多くの人々の支援をいただいたことを回顧すると，図書館の外にいてもできる限りのことをすべきという思いがあった。ささやかだが，公共図書館への支援について以下に綴る。

(1) 「子ども図書研究室」の開設と活用

2004年，教育長になって2年目，県立図書館からの予算要求案の中に「子ども図書研究室」の開設事業があった。利用者の要望と職員の要望が合致して，県立中央図書館では私の館長在任時，2001年から児童書の収集が動き出し，2003年から児童書全点収集（コミック，ゲーム本等除く）を行っていた。後任の恩田征弥館長がさらにその流れを強固なものとされ，県立図書館内に児童書の研究拠点設置を求めるという内容であった。

私は迷わずこの予算案に賛同した。県立の資料に対する評

価がなされ，資料費の増額が実現していたことからも，今が
チャンスととらえ予算要求の作業を促した。

　各市町村立図書館職員をはじめ，学校司書，創作活動にか
かわる人たちや読書グループ，読書アドバイザー・ボランティ
ア，絵本専門士など県内には子どもたちの読書を支える団体
や人々が多数存在するが，ややバラバラに活動し，特に，児
童書の研究拠点は存在しなかった。また，各市町村立図書館
では児童サービスに力を入れていたが，収集しきれない本も
あり，児童書の研究にまでなかなか手が回らなかった。2000
年の「子ども読書年」を踏まえ，今，「読書県しずおか」構
想の中心である子ども読書の意義が謳われるとき，この拠点
設置の要求は実に説得力があった。予算要求は県の財政課担
当をも納得させた。

　2004 年 6 月 18 日，現館長とともに私は県立中央図書館の
一角に「子ども図書研究室」の看板を掲げた。

　「子ども図書研究室」は，以後，年間 600 万円ほどの予算
が計上され，児童書の全点購入を基本として研究拠点にふさ
わしい態勢を整えた。「県立は児童サービスが頼りにならな
い」といわれていた評価を覆すことにもなった。

　以下に整備状況を記す。

　2023（令和 5）年現在，研究室の児童書の収集蔵書数 11 万
6630 冊，開館日数 307 日，入室者数 998 人。利用の傾向とし
ては，学校関係者は大型絵本の貸出，学校図書館用の選書等，
図書館関係者は大型絵本の貸出，選書，新刊書の内容確認な
どである。その他の利用として，資料による研究，展示相談，
お話し会使用等がある。

　研究室の主な活動としては，

4 章　図書館支援の継続………95

・講演会：子どもと絵本を結びつける人々の支援をテーマに年1回開催
・児童書巡回展示研修会：市町立図書館等で約1,000冊を県の東，中，西部で展示し手に取ってもらう。併せて，市町立図書館職員，学校図書館関係者対象に選書の講義も実施
・『子ども図書研究室だより』発行：配布先は公共図書館のほか，県内小・中・高校，特別支援学校
・テーマ別絵本貸出：市町立図書館，学校図書館等に，絵本1セット20冊貸出。犬，猫，お母さん，お父さん，グリム童話，日本昔話などがテーマの例
・「一日絵本図書館」：絵本を特に山間や海辺の市町立体育館等に持参，地域の人たちに手に取ってもらう
・講師派遣事業：市町立図書館，学校図書館に対し，児童書研修会に県立図書館職員を講師として派遣
・新刊サロン：情報交換と交流目的で，職員による新刊児童書の紹介
・団体利用：県内小・中学校，幼稚園，保育所，ボランティアなどに提供
・選定図書リストの公開：選書の参考に職員選定の図書リストのホームページ公開

等，実に幅広く活動をしている。

　利用人数こそ年間約1,000人とまだ多くはないが，この研究室は児童文学や子ども読書に関心のある人々の研究拠点として堅実に活用されてきた。

　児童書に関して，これだけ多くのサービス展開ができたのは，研究室の開所とともに，「静岡県立中央図書館で児童サービスをやりたい」という意欲と資質を持った司書を初回の公

募により採用できたことが大きい。そうした司書の採用はまた，他の司書にも好影響を及ぼし，チームとしての司書力を高めたに違いない。児童書，児童サービスの水準は確実に高まっていった。

　当てにならない，といわれた県立図書館の児童サービス部門が，「子ども図書研究室」を開所したことにより，児童書の調査研究，活用促進を支えられる態勢が整い，県立図書館と市町村立図書館をはじめ関係者との間に新たな信頼感が醸成された。

子ども図書研究室
2004年6月，オープン時の風景。
左が筆者，右が岩崎功館長
(『葵』50号，平成28年度)

(2)　静岡の図書館発信

　県立図書館の館長として，また，館長退任後も思いがけない役割が回ってくることがあった。それは，静岡県立中央図

4章　図書館支援の継続………97

書館と市町立図書館の活動を広く伝えてほしいというものであった。すでに紹介したものも含めて，以下を依頼された。

・『図書館雑誌』2001 年 8 月号に，「静岡県立中央図書館の改革と資料費の確保」執筆（資料編 p.161〜168 参照）
・中央教育審議会生涯学習分科会の臨時委員として，県内図書館活動紹介
・国立教育政策研究所主催の新任図書館長研修講師 「図書館政策と経営」担当
（講義動画：国立教育政策研究所社会教育実践研究センター＞図書館関係職員研修　https://www.nier.go.jp/jissen/gakusyu/H19_tosyokan/contents03/index.html）
・その他，国主催のシンポジウム・パネリストや他県の館長研修会講演

　私のような青息吐息だった素人館長がなぜ，という思いが常にあったが，おそらくそれも含め，静岡の取り組みが他の図書館や読書活動関係者等のみなさんの聞きたいことなのか，私の話が少しでも参考になるなら，こんなうれしいことはない。静岡の図書館発信のチャンスだ。依頼はなるべく受けさせていただいた。

　そういえば，望外の怖れ多いサプライズもあった。

　2003 年に静岡国体が開催された際，教育長として皇族のご案内を務めた関係で，晩餐会にて天皇陛下，皇后陛下のうちお一人と一言だけのお話を許されたことがある。どちらにされますか，とお付きの方に促され「美智子妃殿下をお願いします」と答え，立たれたままの皇后陛下の前に進んで申し上げた。

　「いつも読書や図書館のことにご関心を持たれ，その意義

について発言されていることに感謝申し上げます。関係者は
じめ，多くの国民の励みになっています。」

　こんなに滑らかではないが，趣旨はそのようにお伝えした。
声は緊張の余りかすれ，膝の震えは止まらなかった。

　笑顔の妃殿下が私に向かってお話された。上品な小声でお
話されたことだけはわかったが，緊張が極度に達し，残念だ
が今日までその内容を思い出せない。

　なお，それに先立つ県立図書館長時代に，美智子妃殿下は
2000年の上野の国立国際子ども図書館開館式に臨席され，そ
の時のお話は冷静に拝聴できた。とても心にしみる内容で語
られ，このことは職員にも報告できた。ご自身の少女時代の
体験も踏まえられ，読書の意義を説かれる素晴らしいお話で
あった。

(3)　「図書館政策と経営」の講師として

　館長時代，『図書館雑誌』に「静岡県立中央図書館の改革
と資料費の確保」を寄稿したことはすでにふれたが，財政難
で各県の資料費が削減されがちな時代であっただけに注目さ
れた。図書館協議会委員の尽力による署名活動とともに，県
立図書館職員のサービス改善に向けた取り組みに光を当てた
レポートといえた。

　館長を退いた後の私に，ある時，東京・上野の国立教育政
策研究所から電話があり，新任図書館長研修で話した「図書
館政策と経営」を70分のデジタルコンテンツにして，全国
の図書館，社会教育関係機関に配布したいが，著作権を含め
了解願いたい，と問われた。これには本当に驚いた。しかも，
もう一人の講師はあの元鳥取県知事で図書館行政にも精通さ

4章　図書館支援の継続………99

れた慶應義塾大学大学院教授の片山善博氏とのことで、二度
びっくりであった。

　確かに図書館長退任後、2003年前後の3年ほど新任図書館
長研修で講師を務め、県立図書館長時代の館の運営や、市町
立図書館をめぐって見聞した各図書館の取り組みの様子等を
話したが、どれほどの内容であったかはわからない。電話を
いただくまで忘れかけてもいた。

　コンテンツの演題「政策と経営」の紹介資料に目を通すと、
内容は

　1　図書館長の仕事
　2　図書館政策と経営の視点
　3　静岡県における館長の経営実践より
　4　図書館長の「政策と経営」

とある。全体としては、図書館勤務4年間で学び、実感した
ことの内容だが、要旨としては

・館長は絶えず課題や問題を見逃さず、それを職員と共有す
　る。
・県立図書館自身もふさわしいサービスや支援を県民や市町
　立図書館に届ける。
・資料費の確保もサービス向上との好循環で達成される。一
　生懸命やれば図書館には味方が現れる。
・市町立図書館は県民サービスの最前線、県立図書館長もそ
　こに学ぼう。
・市町立図書館の経営は地域の課題や願いを直視してなされ
　ている。静岡県には各館の素晴らしい経営実践がある。（実
　践事例紹介）
・館長は職員の創意と意欲を結集して目的に導くリーダーで

ありたい。

こんな内容でお話したように回顧する。少し背伸びをした感もあるが，基本的には 4 年間の館長時代の経験と認識を述べたといえる。思いがけない静岡の図書館発信だ。私としては，発信が全国の公共図書館運営のヒントになれば，こんなうれしいことはない。

(4) 静岡市立図書館の「指定管理者制度問題」

県教育長に就任して間もなく，静岡市立図書館に指定管理者問題が起こった。

この問題については県立図書館長時代に県当局より打診があり，熟慮の末，県立中央図書館としては受け入れられない旨返答してあった。根本的には，規制緩和や効率より，公共図書館が行う県民へのサービスは中立性，公平性が尊重されなければならないからだ。そのうえで，専門性に支えられた図書館サービスが保障されなければならない。特に，教育委員会による直営によってそれが担保されると考えた。図書館運営は教育行政の中立性保障と一体であると考えたからである。

ところで，県立図書館が静岡市立図書館の管理運営の問題に関与することには特に留意しなくてはならない。静岡市立図書館も県立図書館の市町支援対象の内にある一方で，それぞれが自治体の図書館条例に基づき運営されているからである。静岡市は政令市として，市内に 10 以上の分館も有する。また，静岡市は県の図書館協議会に属し，副会長を務めるなど，県立図書館とともに全県の図書館に対して広く見渡して連携を図る立場にもある。県との関係は実に微妙である。

4章　図書館支援の継続………101

その静岡市では2005年頃より，市当局で行政改革の一環として図書館への指定管理者制度の導入を検討していたようである。

2005年6月，新聞紙上に「図書館に指定管理者制度導入検討」の市教育長のコメントが出てこの問題の発端となった。県庁のある，県都ともいうべき静岡市でのこの記事は市内外の注目を一気に集めた。さらに市は，2006年2月に図書館協議会で「西奈図書館で2007年度から2年間試行，その後，5年かけて他の地域館に導入」という大胆な指定管理者制度案を公式発表した。

これに対し，図書館協議会委員からは批判が続出し，『静岡新聞』をはじめ各マスコミも大きく取り上げて社会問題化した。

2006年2月，市議会では各党から疑義が出る中，「調査費58万円」を含んだ予算が可決された。協議会の強い要求で同年5月に臨時図書館協議会が開催され，議論の末，各委員の意見表明や退席者も出る中，残った委員全員が「試行凍結」を決議した。さらに，試行賛成派委員を含め，全委員の意見として「試行も含め，さらに検討する必要がある」との答申書を館長に提出した。

同年6月19日，「教育委員会は来年度の試行を断念する方針を固めた」とのスクープ記事が『静岡新聞』に載った。事実，臨時教育委員会でも委員から「指定管理者制度導入は目的ではなく手段であるから，先ず，図書館の目的を明確化し，その後適切な手段を考えていくべき」といった冷静な意見が出て，原点に立ち返ったような状況に至った。2007年2月には市長も「指定管理者制度導入の方向ではあるが，市民の意見

は尊重する」と発言，6月の図書館協議会では，それまで討議してきた合同検討会の結論として「審議の末，図書館は直営とする」結論が発表され，流れが明確となった。

2011年6月，利用者の立場からこの問題を側面から支えてきた「静岡市の図書館をよくする会」（以下,「よくする会」）は，「今後の図書館のあり方」について説得的な提言書を提出した。そして,同年6月,図書館協議会は「全館直営が望ましい」とする報告書を全員一致で提出した。

かくして，唐突に示された静岡市立図書館への指定管理者制度導入は土俵際で押し返し防ぐことができた。そのプロセスを振り返れば，協議会と利用者とのスクラムが功を奏したといえよう。まず，平野雅彦委員長に代表される図書館協議会委員の理性的な行動がある。筋を通しつつ，対話を重んじ粘り強く当局や利用者に直営の意義を訴える姿勢は，結果的に世論をも動かしていった。また，協議会を支えた「よくする会」をはじめとする複数の図書館支援団体や読書ボランティアの存在も大きい。平野氏や私も講師として招かれたが，タイミングよく講演会を企画したり，図書館協議会の傍聴，新聞への投書，勉強会の開催などを実施するとともに，市政懇談会に手分けして参加したり，声明への賛同者を募ったりするなど，「よくする会」の活動は粘り強く続き，世論形成に資した。

県立図書館職員の何人かも個人の立場で情報提供をしたり，集いに参加したりして指定管理者制度反対を支援した。私も，かつて県立図書館への民営化導入問題で思案し，反対を表明したが，元県立図書館長として静岡市の自治にも配慮しつつ，ささやかな意思表示であったが折々に声をあげた。

4章　図書館支援の継続………103

4.4 島田市の「子ども読書活動推進計画」策定作業

(1) 委員会構成の大切さ

県教育長在任中に子ども読書活動に関する多くの仕事と遭遇し，国に準じて「静岡県子ども読書活動推進計画」の策定を手がけたこともあったためか，教育長退任後，2011年に地元の島田市から読書活動推進委員に任命された。以後，第二次から第四次計画までの12年間，委員長として「島田市子ども読書活動推進計画」の策定と実施，点検評価に携わることとなった。

市の推進委員は第四次計画策定の場合14人，その中には市立図書館長も入り，ほかにはPTA代表，県子ども読書アドバイザー，幼稚園・保育園代表，小・中・高各学校の司書教諭，小・中学校長代表，市役所からは子育て支援課長，保育支援課長，学校教育課長，社会教育課長と市民と役所の子どもにかかわる関係者が網羅的に連なった。それに，学識経験者が加わった。

また，計画管理委員として役所の各関係課から1人ずつ，図書館からは司書を含め3人が加わり事務局と実務的な作業を担った。

私は，就任以来この委員構成を高く評価した。望ましい盤石の態勢と感じた。単に，教育委員会関係者や図書館職員のみで計画を策定するのではなく，子どもにかかわる幅広い市民と関係各機関委員が一堂に参画し策定に向けて議論を重ねることにより，計画が子どもから遊離することなく仕上がっていく。事実，会議では新鮮で幅広い意見が次々に出て家庭

104

や地域，学校や図書館での課題の共有や対応への理解が深まった。保護者の声にも保育園長の声にも司書教諭の声にもみんながうなずいた。また，役所の各関係機関の意見からは，各課の子ども支援の行政対応が聞かれ有益であった。結果，策定された計画の周知や実施においてもより広範な推進力が生まれた。計画の中心に子どもがあったからだ。

　やはり，役所が設計する委員会や審議会はメンバーの如何がきわめて重要である。県立図書館協議会においても，県子ども読書活動推進計画策定委員会においてもそのことを実感してきたが，会議は自由闊達，それぞれが立場を越えて経験や信念や知見を述べあってこそ，成果が生まれる。第一，参加していて充実感がある。その点，島田市の子ども読書活動推進委員会は毎回参加していて楽しかった。

　加えて，会議が充実したもう一つの要因は市教育長の姿勢にあった。会議には必ずといってよいほど浜田和彦教育長が出席したが，関心の高さと熱意に感謝した。計画を施策に反映させるうえでも教育長の高い関心はありがたかった。当初は教育長の出席する会議に，特に，教育界の委員は発言を控えていた感もあったが，教育長の真摯に答弁する姿勢に質疑も次第に活気づき，フランクな空気が生まれた。

「資料費を増額してください」

「学校司書を全校配置にしてほしい」

「公共図書館の団体貸出の資料を学校に運搬する態勢を作ってください」

　そうした質疑に対しても，時に苦渋の表情を浮かべることはあっても誠実に答弁をされた。自ずと，会議は盛り上がり，時に笑い声も起こった。

4章　図書館支援の継続⋯⋯⋯105

こうした延長上で，計画策定が完了した際には，染谷絹代
市長にも面会し，会長や委員が作業の経過や計画内容を伝え，
その実現を要望する機会も実現した。市長は誠意をもって傾
聴され，委員会へのねぎらいと計画遂行への理解あるコメン
トを述べられた。

　参加委員一同，計画が広く支持されている実感に包まれた。

(2)　子どもたちのための計画策定を

　この作業の事務局と取りまとめ作業の担当には図書館の司
書がかかわった。役所各課からの計画管理委員もパイプ役と
して尽力した。市の行政レベルでは図書館職員が，こうした
任務にも当たることが多く負担を増すが，日ごろの業務経験
を生かして読書推進の計画を取りまとめることの意義は大き
い。やはり，司書の持つ豊かな経験から，大変でも図書館が
その役を担うにふさわしい。特に，日ごろ図書館での児童サー
ビスへの取り組みや読み聞かせグループとの協働等を通した
知見は子ども読書活動を推進するうえでとても貴重だ。事務
局として，期待に応えよく尽力してくれた。

　担当した司書は業務の負担を嘆くより，計画が策定された
ことで，特に難しさもあった障がい児サービスや多文化サー
ビスなどについて事業がやりやすくなったととらえ前向き
だった。また，「図書館だけでなく公民館や子育て支援セン
ターなど関係機関の代表も委員として計画策定に加わったこ
とで，連携が深まり児童サービスの事業が進めやすくなった」
とも評価する。図書館だけでの実施では広がりを欠く。やは
り全庁的な協働はこの分野で不可欠だ。

　担当司書は特に，児童・障がい児サービスに意欲的で，計

106

画策定後，「休館日に障がい児を図書館に招いて心おきなく過ごしてもらいます。慣れてきたところで開館日に来館してもらえたらうれしいです」と語ってくれた。また，近く特別支援学校の高等部生徒を1週間図書館に受け入れ実習をするそうだ。

　子ども読書活動推進計画策定の事務に尽力しながら，計画の実施に真摯に向き合う司書の存在はありがたい。

　12年に及ぶ子ども読書活動推進委員の在任となったが，毎回の会議と計画の評価・取りまとめでは各委員の建設的な発言が多く，実に有意義な会議となった。委員長として毎回時間に追われるほどの活発さでうれしい悲鳴となった。もちろん，子ども読書活動を推進するうえで，課題や困難も多く出された。特に，

・各家庭による読書環境の格差の実態，一律の呼びかけの困難さ
・デジタル化，特に，ゲームやスマートフォンなどが子どもたちにもたらす読書への影響
　（昼休みにも YouTube を見続けて，図書館利用が減っている）
・コロナ禍による生活の変化と読書定着のむずかしさ
・幼稚園，保育園の読書を担う職員の研修実施のむずかしさ
・地域における読み聞かせボランティアの高齢化と新規加入者の減少
・デジタル化と読書活動の融合への模索
・司書教諭の図書館業務時間の確保の困難さ
・資料費の確保，文部科学省の「学校図書館図書標準」達成の困難さ

等が意見として出された。いずれも難問ばかりだが，子ども
たちと向き合ってこその意見であり，課題である。ここから
改善への方策が見えてくる。やはり，子どもたちを直視する
ことが計画の実質につながる。

　市立図書館における子どもの読書活動についても議論が深
められた。特に，図書館職員の司書資格取得状況が島田市で
は 48 人中 18 人（37.5％）と低い水準にある点や，インターネッ
トの普及で簡易な調べものは利用者自身により処理されるた
め，高度な内容のレファレンスが増え，職員の資質向上が急
務となってきた点，学校への団体貸出資料の搬送方法が確立
されていない点など，重要な課題が提起された。いずれも，
市立図書館にとっておろそかにできない点だ。

(3)　計画の成果と今後

　ここで，「島田市子ども読書活動推進計画」の「第一次計画」
以降の概要を整理してみたい。4 次にわたる計画の成果と今
後の読書活動推進への手がかりが把握できよう。

○　2007（平成 19）年 3 月「第一次計画」（平成 19〜23 年度）
　＜主な取り組み＞
　・「島田市子ども読書 100 選」選定
　・インターネット予約システム導入（2008 年）
　・「おはなし宅配便」開始（2009 年）
　・図書館ボランティア養成講座開始（2009 年）　等
　＜主な成果＞
　・図書館カードの発行数増加
　・児童書の貸出冊数増加

・学校図書館の整備充実

○　2012（平成24）年3月「第二次計画」（平成24〜28年度）
　＜主な取り組み＞
　・学校図書館図書標準の達成学校の増加
　・市立図書館での読書通帳機の導入（2012年）
　・学校司書の全校配置（2014年）
　・川根小学校と市立図書館との併設図書館建設（2015年）
　＜主な成果＞
　・学校図書館活用授業の増加
　・学習に市立図書館を活用する子どもの増加
　・障がい者の読書活動を支援する機能の充実　等

○　2017（平成29）年3月「第三次計画」（平成29〜令和3年度）
　＜主な取り組み＞
　・市のペアレントサポーターに「読書推進チーム」（2019年）
　・子育て支援センターでの生後3か月前後幼児と保護者対
　　象の絵本講座（2019年）
　・小学校での英語授業を受け，市立図書館に外国語児童書
　　の収集増加
　＜主な成果＞
　・公民館への図書館システム設置による利用児童の増加
　・学校司書の配置により学校図書館が子どもたちの居場所
　　に定着
　・家庭，地域，学校の読書活動の懸け橋となる人材の増加

○ 2022（令和 4）年 3 月「第四次計画」（令和 4 〜 8 年度）策定
　＜新たな 5 年間の計画において特に力を注ぐ施策＞
　・1 人 1 台端末と学校図書館，読書活動との連携を図る。
　　端末で調べた資料と学校図書館の資料，読書活動とをつ
　　なげて学習する。
　・市内の小・中学校へ市立図書館職員を派遣して学校図書
　　館の整備や授業への協力などを支援する。
　・学校図書館において古くなった図書資料の除籍，更新を
　　進め，計画的な図書購入によりすべての学校で学校図書
　　館図書標準 100％を達成する。
　・市のホームページや公式 SNS を活用して保護者へ本の
　　情報やイベント情報を発信する。
　・読書ボランティアの育成，活用に努め，ホームページに
　　よる案内や県読書アドバイザーによる講座の実施などを
　　行う。

　計画策定の過程では，市内の学校に市立図書館職員を派遣
し，学校図書館の整備や授業への団体貸出資料の活用などを
支援している実例や，子どもたちの端末に図書館のホーム
ページを登録し，端末から本の検索や予約できるようにする
ことなどの方策も披露された。それらも含め，今日における
子ども読書活動推進に向けた具体的で実現可能性のある「第
四次計画」がまとめられた。
　一つの自治体ではあったが，島田市の子ども読書活動推進
計画に 12 年間携わり，推進委員会の意義や役割，関係機関
の協働の大切さ，当局の姿勢，計画への評価と改善，計画の
周知など重要なテーマがあることが再確認された。

今日の 12 年は実に急速に流れ，子どもたちをめぐる読書環境も刻々変化をしている。特に，コロナ禍を経ての家庭や地域，公立図書館等の変化，GIGA スクール構想等学校における教育目標や方法の変化，インターネットの普及に伴う生活様式の変化等そのスピードは子どもも大人も対応に戸惑うほどであった。子ども読書には必ずしも順風とはいえない 12年であった。しかし，子どもたちの成長を願う人々や子ども自身も流され続けてばかりはいなかった。

　「島田市子ども読書活動推進計画」に込められたように，コロナ禍にも読書を尊ぶ保護者と市立図書館司書との勉強会は継続されたし，学校司書も着実に配置が進んで子どもたちが学校図書館に親しんでもいる。また，タブレットやパソコンを用いて市立図書館情報を検索し貸出予約の手続きをする子どもたちも出始めてきた。障がい児や生徒への支援は進みにくかったが，学校図書館，市立図書館ともに，子どもたちの来館を促すような工夫をしている。

　計画の具現化へ向けた動きが随所にみられた。子どもたちの成長を偏らせてはならない。

　今後ますます，市立図書館が家庭や地域，学校と連携を深め，子ども読書を推進するうえで重要な役割を果たすことが期待される。

　島田市の計画では読書活動の推進が「持続可能な開発目標」（SDGs）に資するという認識により，目標の中の「4　質の高い教育をみんなに」をはじめ，「1　貧困をなくそう」，「3すべての人に健康と福祉を」，「5　ジェンダー平等を実現しよう」等の目標実現につなげていくことも謳った。

　また，計画に多用されていた数値目標について，例えば，

4章　図書館支援の継続………111

子どもたちの読書冊数など数値至上主義にとらわれるのではなく，少ない数でもじっくりと深く読む，繰り返して読むことの大切さも計画に表記した。読書を形骸化させてはならないという願いからだ。

計画には入らなかったが，時代の流れも認識しなくてはならない。静岡県であれほど普及した朝読書や読み聞かせが，最近は実施困難になってきている理由の一つに教員の「働き方改革」がある。教員の超過勤務が問題になっている中，多くの学校ではいわゆる朝の打ち合わせを止めていく流れにある。それ自体大事な改革であるが，打ち合わせ時間の間に実施してきた「読書タイム」が確保できなくなった。今後の計画では，一律の読書活動が実施できない中での工夫が求められてきた。

図書館に勤務した経験を基に，故郷の「子ども読書活動推進計画」策定に長年参画できたことをうれしく思う。諸課題には新たな計画が対応していくことを期待するが，子ども読書の推進を願う多くの仲間と出会えたことは何よりもの幸せであった。

4.5 牧之原市の図書館協議会活動と図書館建設

2019年，私は牧之原市から図書館協議会委員就任の要請を受けた。担当の説明によると，2018年に牧之原市議会で図書館条例を改正し，初めて協議会を発足させるとのことである。

それ以前には，旧榛原図書館は公民館図書室，相良図書館は条例図書館であったが図書館協議会設置の条文はなく，合併後も図書館の設置は条文化されたが，図書館協議会の設置

については条文化されなかったという経緯があった。

　このたびの改正を受けて図書館協議会の設置を実現するとともに，新しい図書館の整備にも着手したいのでぜひ就任願いたい，という要請であった。県立図書館長としての経歴や知見を活かしてほしいとも付け加えられた。やりがいはありそうだと思いお受けした。

（1）　図書館空白地域の解消と牧之原市

　牧之原市といえば，県立図書館長時代からとても関心を払ってきた地域だ。

　「平成の大合併」以前は榛原町と相良町とに分かれていたが，この両町を含め，静岡県の中央を流れる大井川の西岸流域は以前から図書館の空白地帯であった。上流の本川根から中川根，川根，金谷，吉田の各町，そして，榛原・相良両町はともに図書館が整備されてこなかった。ちなみに，図書館サービスの市町村格差（p.38）では，相良町は図書館のサービス指標すべてで最下位だった。

　私も含め，県立図書館では振興係職員がたびたびその地域を訪問して，何とか整備への可能性を探ってきた。根本的には山間の小さな町には財政上の課題があるが，それまで図書館の恩恵に浴してこなかった負の習わしが横たわっていた。「なくても暮らせる」というのだ。あるいは，条例化されていなくても図書館らしきものがある，といった妥協が勝った。

　この空白地帯に変化をもたらしたのは，1999 年からの「平成の大合併」であった。前にも触れたが，真っ先に吉田町が動く。湯日川沿いに環境や利用者に配慮された図書館が開館されたのが 1999 年，次いで 2004 年，島田市との合併前，町

4章　図書館支援の継続………113

としての最後の大事業で図書館を建設した金谷町,川根町は島田市との合併を機に2008年,条例化した。

かくして,大井川上流部では本川根町を除いて条例化された図書館の設置と併せて「図書館協議会」が設置されて,いわゆる図書館の空白地帯解消に向かった。

ところが,この両町,榛原町と相良町は2005年の牧之原市への合併の前にも,そして,合併後のしばらくも図書館整備の動きはなかった。あるのは条例化されていない165㎡の榛原図書館と図書館設置条例はあったが89㎡の相良図書館のみで,ともにほんの一部の市民が利用していた。いずれも図書館協議会は設置されていなかった。

当時,市役所の片隅にひっそりと配置されていた相良図書館に勤務していた司書によると,前任者からの引継ぎもなく,レファレンスなどは回答されないままになっていて,県立図書

大井川流域の図書館空白地域地図
(鈴木善彦・水野秀信著『牧之原「いこっと」誕生物語』2024,p.5)

114

館職員が応援に入ったとこぼしていた。特に困ったのは、車いすの方が来ても階段があるため、役所の側を遠回りして来館してもらうなど難儀をしたようだ。面積も小・中学校の教室1個半分の中に、書架、児童コーナー、机と椅子がぎっしりと占め、大事な事務室はなく片隅のカウンターに押し込まれるように事務作業をしていた。図書館協議会もないので、「図書館の設置及び運営上の望ましい基準」が話題にされることはなかった。どう見ても、市政の中で図書館の位置づけがきわめて低く、人事や予算への配慮も乏しいままに据え置かれていた。議会では関心を持つ議員がしばしば図書館案件について質してきたが、当局はさまざまな理由で明確な答弁を避けてきた。結果、合併後の県内23市の中でも牧之原市の図書館サービスの水準は断トツの最下位のまま。資料費で言えば市民一人当たり約70円という水準であった。

(2) 市民による図書館構想・「7つの提言」

　他方、牧之原市には市民の素晴らしい「図書館愛」があった。多くの読書グループや「図書館友の会」が来るべき時に備え地道に活動を続け、力を蓄えていた。とりわけ2008年にスタートした「牧之原市立図書館のあり方検討会」の活動はこの市の図書館開館に重要な足跡を残し、希望をもたらした。

　20人の住民有志からなるこの会は、設立こそ市当局からの呼びかけがあったが、図書館建設のための提言整備に向けて、年内だけでも9回の検討会を開き、その他、ミニ会合、アンケート調査、イベントなどを精力的に重ね、結果、「市民を元気にする図書館　7つの提言」をまとめ上げた。その内容が素晴らしい。

4章　図書館支援の継続………115

「1　独立した専門機関としての図書館と専任職員の配置」
から始まる「7つの提言」は,
　「2　学習・交流ができて市民が自然に集う安らぎの図書館
　　3　移動図書館ひまわり号とサテライト図書館構築による
　　　市内各地の利便性向上
　　4　図書館と幼稚園・保育園・学校の連携
　　5　読書活動ボランティアの支援
　　6　市民による図書館サポート活動
　　7　図書館機能充実　実現のための協働推進　今後の展開」
を掲げたように,図書館の専門性と市民の参画が提言の柱と
して貫かれていた。それらの柱に細かな施策が肉付けされ,
全体として体系化された堂々たる提言となった。
　細部は略すが,この提言が拠り所となって,その後さまざ
まな市民の活動がつながり,図書館整備を導いた感がある。
牧之原市の図書館史に刻まれる大事な提言といえ,20人の有
志の作業を高く讃えたい。

(3)　牧之原市図書館協議会のスタート

　2005年の両町対等合併以降,図書館条例の一部改正により
図書館整備の態勢が整うのは2018年に至る。この間13年,
時を要したが,図書館は晴れて条例で認知され,「図書館の
運営に関し館長の諮問に応ずるとともに,図書館の行う図書
館奉仕につき,館長に対して意見を述べる機関とする」(図書
館法第14条第2項)として,図書館協議会もスタートするこ
ととなった。
　正式に図書館を協議することとなった牧之原市図書館協議
会,初代会長に選ばれた私は,第1回協議会のあいさつで,「協

116

議に際しては，各委員の皆さんは市民・利用者の代表として任命されたことを念頭に，ぜひ，牧之原市の図書館の充実を目指して自由闊達に発言し協議をしてください。自由こそ図書館の精神です」と呼びかけた。あいさつには高揚した気持ちが入っていた。

　以来，協議会はまさに「自由闊達」に開催され続けた。学校代表，家庭代表，社会教育関係者，学識経験者，公募市民からなる8人のメンバーは，長い間待たされた図書館整備への思いを率直に，かつ建設的に教育委員会当局にぶつけた。

　発言の例を議事録から拾うと，

・「図書館のことは，要望をここ何十年もずっと出し続けてきたが何も変わらなかった。だから，今回は地域の文化を高めるためにも必ず実現してほしい」

・「今まで，牧之原市の図書館は小規模で運営されてきたので，図書館の使い方，図書館から受ける恩恵を知らずにいる市民がいる」

・「奉仕人口一人当たりの資料費は73円，県全体の市では最下位の23位，また，市の予算に占める教育費が低いが，図書館サービスについてどう考えているか」

・「今までそういうこと（要望が叶わない）をずっと経験してきて，思いを込めて図書館協議会委員として発言しているのです。今回，ようやく榛原図書館の拡充に着手できるということで，協議会としてやれることを再確認して，より推進できるように努めますので，教育委員会としてもしっかりやってください」

　厳しさもあるが，図書館を待ち続けてきた方々の真摯な声だ。

議長を務める私は，こうした「民」の声に軸足を置いて協議を進めた。今ようやく「民」の声が公式の場で発せられ，市当局に届こうとしているのだ。何十年も閉ざされてきた「民」の声。行政の経験も重ねてきた私には，攻められる側の言い分もわかるが，今は，協議会の会長である。「民」の貴重な声を引き出し，当局の判断を得て具現化することが使命と考えた。かつて，県立図書館長時代，協議会運営で「開かれた図書館」を標榜し，市民代表を委員に招いて自由に協議をしていただいたこと，それが契機で資料費の確保はじめ図書館の改革につながった経験も念頭にあった。大事なことは改善だ。当局には厳しい協議会運営に映ることは覚悟していた。
　ところが，牧之原市教育委員会の協議会に臨む姿勢は本当

牧之原市図書館協議会

に誠実であった。協議会委員の質疑への応答，資料の作成と提供等が誠実になされ協議を実質化した。何より，協議会の回数も全国にも例を見ない年間 10 回を超す頻度で開催し，かつ，毎回のように橋本勝教育長をはじめ，図書館長，担当部長が出席された。そうした方々からの要所での発言も懇切であった。当局の誠実さが協議会の中に信頼感を生んだ。

　とりわけ，担当図書館司書の対応は利用者本位でかつ随所に専門性が込められていた。答弁も配布資料も真摯であった。協議会のやり取りを通して委員は司書の見識を評価し，信頼を重ねていった。事実，その後の長い作業の中で担当司書の存在が図書館の充実に大きく貢献した。

　こうした経緯を経て「民と官との協働」の空気が醸成されていった。結論がすべて一致したわけではないが，協議はかみ合った。実質的な確認が多く交わされ，図書館のイメージがふくらんだ。それもあってか，協議会へ市民の傍聴は毎回複数，3 人，5 人と必ずあった。その中には，地元出身の児童文学作家や図書館に造詣が深い市教育委員といった強力なサポーターの姿もあった。お二人を含め，毎回市民が期待を込めて聞いている，これも，委員と当局の協議の質を高めた。

(4)　「牧之原市立図書館基本計画」の策定

　2 つの町の対等合併は，それゆえに新市の行政判断を困難にしたことも想像に難くない。当初，新しい図書館を建設するなら旧両町の真ん中以外はない，そんな投げやりな声が図書館協議会委員に就任後も聞こえてきた。図書館条例の一部改正後も図書館整備の機運は一向に高まらなかった。「図書館を利用したいなら隣接する両市町立図書館へ行ってほし

い」，当局の答弁が市議会議事録に見られる状況であった。

　しかし，これまでに述べたが，「7つの提言」に見るように，図書館建設を願う市民の熱意は消えることはなかった。

　一部ではあるが，図書館について質疑し続けた市議会議員の存在や図書館協議会で噴出した図書館建設を求める熱い声などにより，この町の図書館史は確かに動き始めた。行政側は静観しているようで，実は，市民の声や世論にじっと耳を傾けている。動き出すタイミングを計っている。

　ところで，図書館協議会は図書館建設の前提ともいえる大きな作業を諮問されていた。それは「牧之原市立図書館基本計画」の策定作業であった。この作業には図書館建設を進めんとする市当局の覚悟を見て取ることができた。

　私たちは図書館法が規定する「館長の諮問に応ずる」という役目を当局の説明からも汲み取った。「図書館基本計画」の策定は，牧之原市の図書館の在り方を未来に向かって方向づける重要な作業だ，協議会委員の誰もがそのことを認識した。

　第2回協議会からこのテーマが本格的に協議された。まず，教育委員会から「図書館基本計画の構成案」なるものが提示され，それに対して協議することとなった。教育委員会からは基本計画策定に当たり，市民有志による「7つの提言」を尊重することや，榛原・相良両館の拡充を図ること，県の「おうだんくん」の双方向システムに加入して資料の相互貸借ができるようにすること，児童サービスを重要な課題と位置づけること，そして，牧之原市が目指す図書館の姿について協議会の意見を基に明文化することなどが説明された。

　委員からはこの説明を歓迎する声とともに，厳しい意見も堰を切ったように出された。

「図書館のことは役所の中からの提案と市民による外からの要望を何十年もずっと出し続けても何も変わらなかった。だから，今回は地域の文化を高めるためにも必ず実現してほしい」（「協議会議事録」より）などである。

図書館基本計画の策定を目指す図書館協議会での議論は毎回盛り上がった。議長を務める私は，この計画こそ牧之原市の図書館の未来を定めるものという認識で臨んだ。委員からも同様の気概が伝わってきた。発言にはそれぞれ思いがこもっていた。私は委員からの意見と当局の説明との調整に全力を傾注した。

協議は回を追うごとに煮詰まり，「基本理念」を「ささえつくり　つなぐ　牧之原市の図書館」とし，「基本方針」としては，

1　くらしを支える専門サービス：資料の充実と専門職員の配置

2　であいを創る交流・憩いの場：環境の整備とスペースの確保

3　あなたと図書館をつなぐネットワーク：図書館システムの構築

の3本柱が確認された。そして，計画の「第4章　施策の方向性」と「第5章　具体的な取組」において基本方針を具現化すべく，それぞれについて委員から提案された多くの施策が盛り込まれ，計画は体系化されていった。

「くらしに役立つ蔵書の増加」，「専門的サービスを保障する人員体制の確保」，「居心地のよい閲覧スペース」，さらに，「図書館オンラインシステムの導入」等，委員からの強い要望も実って重点化された。

4章　図書館支援の継続………121

特に，県内の市で最下位であった蔵書数を現状の両館で7万5千冊から5年間で11万冊まで増やすことなども数字で具体的に盛り込まれた。さらに，計画の中では，単年度ごとの点検評価も義務づけられて計画が空手形にならないよう配慮された。

　6か月，10回を超える協議会の末に，2019年8月，待望の「牧之原市立図書館基本計画」は策定された。基本計画への市民の関心も高く，パブリックコメントには実に177件の意見が寄せられ，その中には「図書館と学校，役所などとの連携をすべき」とか「来館者にアピールできるような企画展示や地域情報等のための空間を用意してほしい」など，建設的な意見も多くあり計画の補充につながった。

　「牧之原市立図書館基本計画」の策定は『静岡新聞』でも写真入りの4段記事で大きく報道された。記事では，「市立図書館を充実，改善」の見出しで今後5年間の蔵書や施設整備の計画を紹介し，民間施設を活用した市民交流の場として機能拡充を含めた新館構想を報じた。それまで図書館基本計画や図書館協議会のことが新聞で報じられることがなかった町で，この記事は市民を啓発する意味で大きな効果があった。

　その後の協議会の中で，特に，図書館建設の議論が錯綜すると議長である私は「基本計画に立ち返りましょう」と何度も促した。

　人口5万人の小さな市で3年間の間に2館を誕生させたことは特筆に値するが，振り返ってみると図書館基本計画の策定が果たした役割は限りなく大きい。これだけの事業には公認された計画の存在は不可欠といえる。

　事実，その後2023年に制定された「第3次牧之原市総合

122

計画」では「図書館」に関する記述が重視され，市政の重要分野として認知された。内容は図書館基本計画と合致する。

「政策3　教育文化　施策2　社会教育の推進
図書館機能の充実
・暮らしの質の向上や地域課題解決に向けた取組を支援するため，幅広い資料の収集，展示を行うとともに，レファレンス機能を強化し，情報拠点の機能を発揮します。
・子どもの読書活動を支援する読み聞かせなどの実施や，市民の自発的な学習活動を支援するための講座やイベントを開催します。
・市民の学びや交流，子どもの読書を支える図書館機能の拡充を行います。」
（「第3次牧之原市総合計画」p.25）

かつて，図書館利用者は両隣の町の図書館へ，などと議会での答弁がされた町にあって，市の最上位の計画に記載されることになった「図書館」，この変化は図書館が市民に支持され，利活用の実績が上がったことなどの成果がもたらしたといえよう。牧之原市からは図書館の行政評価を学ぶうえで大事なヒントを得た気がする。

(5)　図書館設置に向けて

ところで，図書館協議会では当初から図書館を新築せず「拡充」する方針が当局から示され，その線にそって協議が進んだ。市の財政力や合併後の事情から，図書館新築は見送らざるを得ない状況にあることは委員も理解していた。次善の策

4章　図書館支援の継続………123

として，フロアを広げ，蔵書を増やし，職員を増員してサービスを豊かにする現実的な「拡充」方策を目指した。

しかし，図書館を受け入れる 500㎡や 600㎡の候補物件を小さな町で探すのは容易ではなかった。町内に図書館を収容する箱モノが見当たらず暗礁に乗り上げんとしていた折，サプライズが起こった。救世主が現れた。

町最大の量販店「ジャンボエンチョー」を閉店し，オーナーがその約半分を図書館に賃借提供してくれたのだ。話は一気に進み，フロアの確保や国への補助金申請などと，協議会委員も追いつけないほどの展開で新図書館の案が固まっていった。

注目されたのは，建物の半分を図書館に，あとの半分は民間スペースとして，軽食レストランやボルダリング，各種マルシェ，子育て広場などに活用され，併設として図書館との境もなく自由に行き来できるつくりになる点だ。これには民間オーナーの発想が生かされた。全国でもまれにみる「民と官の共生図書館」だ。はじめは懐疑的に構えていた私も，今日のあり得るスタイルかもしれないと容認し始めた。

フロア面積 800㎡，これは文部科学省が示す「図書館の設置及び運営上の望ましい基準」に示す面積にも合致し，それまでの相良図書館（89㎡）の約 9 倍の面積が一気に確保された。

さらに，「拡充」方針にふさわしく，面積とともに図書館の命，資料費の確保が協議会でもしばしば要望され，当局もこの充実に本腰を入れた。図書館整備の両輪，豊富な資料と職員体制についても急速に整備の方向に向かった。こうした動きに有効だったのはやはり「牧之原市立図書館基本計画」

の存在であった。協議の中ではしばしば計画の中の「施策の方向性」と「具体的な取り組み」が引き合いに出された。

牧之原市立図書交流館（いこっと），民間スペース風景

トランポリン，テーブルテニススペース

いこっと館内

　協議会での発言を議事録で見ると，「図書館では本と利用者をつなぐ司書の役割は大きいと思う。司書の配置促進をすべきだ」といった発言が繰り返された。さらに，「専任館長」の配置は，「7つの提言」以来，市議会，図書館基本計画などで一貫して要望されてきた悲願ともいえた。

4章　図書館支援の継続………125

こうした声に応え，新図書館の開館に合わせた資料費は1000万円を超える額の確保に目途がつき，さらに，新規司書2人の公募採用と待望の専任館長の配置という画期的な職員体制をも実現する見通しとなった。

　初代専任館長には市役所OBの実務経験が豊かで懐の深い杉村明彦さんが発令された。杉村さんは，発令後直ちに通信教育の司書資格取得に動くほど熱意があった。その後，館長による利用者本位の，職員の創意を尊重する図書館運営が次々に展開されていく。専任館長のいる図書館のよさを利用者も職員も実感することとなる。

　かくして，新図書館の開館を前に図書館協議会の度重なる要望と，それを活かした教育委員会の予算要求により，難しい資料費確保と人事体制を柱とする予算折衝を乗り切ることができた。教育委員会の頑張りは表に出にくい面もあるが，協議会にもそれはじわじわと伝わってきた。これも「民と官との協働」の成果といえよう。

(6)　「いこっと」の開館へ

　新図書館（牧之原市立図書交流館）にふさわしい愛称を公募することとなったが，この広報に市内外からなんと811件もが寄せられ，選考の結果，勝間田小学校4年生作「いこっと」が選ばれた。とても親しみやすい，いい名前だ。みんなで図書館に「いこっと」，といったイメージとのこと。

　このあたりから，多くの人たちが立ち上がった。待望の図書館開館に必要な山のような業務，本の梱包や引っ越し，本のクリーニング，配架や館内清掃等，やるべきことは多いが，読書グループ，図書館友の会，市内外の図書館職員，中学・

高校生，それに，個人の方々が何かお手伝いしよう，ボランティアに参加しようと声を上げた。待ち望んでいた声だ。この地域の人々は情が深く，いい意味のお節介やきが多い，独特の風土だ。声はさらに，

「図書館周辺の草取りをしよう」

「トイレの掃除をしましょう」

「資料費の足しに寄付したい」

といった申し出が続いた。特に，2015年頃より23を数える読書活動団体，約200人の会員を統一した集合体「よもーね，マキノハラ」は，「いこっと」開館を見据えて図書館支援のボランティア組織へと固まっていた。2人のリーダーの統率力に負うところが多いが，毎日，毎週，図書館側の要望に合わせてボランティアスタッフを各業務に配置した。特に，本の搬送，配架，清掃などの作業に従事したボランティアのみなさんの貢献は計り知れない。

ボランティアの声をアンケートから紹介する。

　　「私は，牧之原市の図書館の大きな変化に市民に一人としてほんの少しですが，お手伝いできるのは有難いと思っています。

　　そして，今まではただ借りるだけの本に対してキレイにクリーニングしてあげたり，劣化により処分される本などを目にして，本に対して感謝の気持ちが湧きました。

　　市民の皆さんにとって新しい図書館，たくさんの本たちにとっても新しい門出のお手伝いを微力ながらさせていただければ，と思っています。」

4章　図書館支援の継続………127

中学生，体育館で本のクリーニング・ボランティア活動

　ボランティアといえば中高生の若い働き手も力になった。
　図書館協議会委員の一人，中学校教員の呼びかけに応えた相良中学生徒の有志約 200 人は，体育館いっぱいに広がって本のクリーニングに取り組んでくれた。その働く姿は実に爽やかで大人たちを感動させた。
　また，地元高校生は館内作業に取り組んでくれたが，開館後は利用者として勉学や読書に訪れている。こうした若い世代のボランティアは「私たちの図書館」という意識を生んだ。中高生は明日の中心的市民だ。長くこの図書館を利用するに違いない。
　2021 年 4 月 17 日，「いこっと」はオープンした。図書館協議会の発足から 3 年，20 回にも及ぶ協議会を重ねての成果であった。また，牧之原市への合併から 16 年を経ての歴史的

事業といえた。市民待望の開館。オープニングセレモニーに合わせて，この日，いち早く館内に入った多くの市民が，目を輝かせて新しい図書館，「いこっと」への期待をさまざまに表現してくれた。「町にとって，誇らしい」の声もあった。

(7) 「民と官」，市民と行政の協働が生み出す「私たちの図書館」

これまで述べてきたように，牧之原市の「いこっと」誕生は「民と官との協働」によって成し遂げられたことを特徴とする。特に，「民」の果たした役割は特筆に値するが，このことは図書館開館後にも重要な意味を持った。

「いこっと」は，開館1年間の利用者が約11万人に達し，前年の約7倍を記録した。市民5万人の倍にも及ぶ入館者が図書館を訪れたのだ。市民は図書館を居場所に読書や出会いや交流を楽しみ始めた。また，散歩や買い物ついでにぶらりと立ち寄る生活スタイルも獲得した。新しい本にも触れ，わからないことは気軽に図書館職員に聞けた。海辺と茶園の町に新しい風が吹き，町は図書館を核に動き出した。「私たちの図書館」が町を変え始めた。

人口減少や財政難に悩む自治体がこうすれば図書館を誕生させられる，図書館がこんなにも市民に愛される，このことを牧之原市で実証することができた。図書館協議会委員は，長い間実を結ばなかった図書館建設と市民の来館を見届け，喜びを隠せなかった。

次の大事な任務は，「いこっと」の持続的発展と旧榛原町図書館の拡充である。幸い，「いこっと」には開館3年で30万人という来館者が訪れ，次なる榛原図書館のリニューアル

オープンの背中を押した。

　杉本喜久雄市長も「いこっと」の賑わいを見届けて「第 4 次総合計画」への図書館の明確な位置づけをはじめ，市政の中で図書館への期待と評価を高く掲げた。私も総合計画策定の市民会議に招かれたが，町の活性化や人口減少を食い止めるなど，図書館が市の未来にとって有益であることをグループ討議で強調した。市長は，旧榛原町への図書館開館を強く打ち出し，厳しい財政事情の中でリニューアル関連だけでも 1000 万円を超す予算も計上した。一連の図書館施策は長い間の図書館空白地域を是正する市長の英断と感じた。

　その榛原図書館は，牧之原市立文化の森図書館（愛称「いろ葉」）として 2023 年 4 月 21 日にオープンした。この愛称も地元小学生による。ここでも，配架や清掃などの作業や図書館南側に四季折々に眺められる花壇の整備をするなど市民のボランティア力が発揮された。お蔭で，短期間に整備の行き届いた図書館がオープンした。コンパクトながら，多機能を満たした居場所が市民に届けられた。

　「いろ葉」開館の日，花壇の花は美しく咲きそろった。とりわけ，児童の部屋からは窓越しに花壇が見えて一番のスポット，絵本の世界に遊ぶ子どもたちが，彩る花たちを見てさらにいろんな想像をめぐらすことだろう。

　両図書館の整備という大仕事をやり遂げた担当司書は，『牧之原「いこっと」誕生物語』の「あとがき」でこう結んでいる。『牧之原市に図書館という文化の種をまき，芽が出ている。幼いころからその文化に親しんでいく子どもたちによって花が咲き，実を結んでいく日が楽しみである。」

ボランティアによる文化の森図書館（いろ葉）花壇整備の様子

いろ葉開館除幕式

　「いこっと」と「いろ葉」，両館は市民生活に溶け込み，牧之原市にとってなくてはならない居場所となっている。

(8)「平成の大合併」と県内図書館の配置状況

　図書館空白地域といえる牧之原市が短期間に2つの図書館を誕生させた意義は計り知れないが，静岡県全体を俯瞰すると「平成の大合併」前後でも市町村立図書館をめぐる動向に注目すべき点がある。高く評価すべき点ともいえる。

　それは，合併後に図書館条例未制定の町の公民館図書室が減少して条例制定図書館に移行し，併せて，小さな町村立図書館が合併母体の市に吸収，消滅されることなく分館として存続し続けていることだ。ともすると，合併は大きな市が小さな町や村を飲み込むように進展し，結局，周辺の図書館が消えていく筋書きが懸念される。しかし，静岡県においては，

4章　図書館支援の継続………131

少なくとも図書館の存続についてそれは杞憂に過ぎなかったようだ。小さな町の図書館が合併後も新市の分館として存続し続けたが，その意義は大きい。生活圏に図書館が存続することの意義。それにより，生活の中に図書館サービスが担保されるとともに，住民の自治意識の点からも疎外感なく新たな市民としての生活を受け入れる。住民の自治意識が図書館をなくしてはならないという意思表示になったケースがあったのかもしれない。

　大合併後，県内の条例制定図書館数は本館，分館の合計数として増加しているが，数字で確認してみよう。

県内図書館状況

	合併前　平成 12 年度		合併後　平成 21 年度	
	市	町村	市	町
条例制定図書館	21 館	30 館	23 館	12 館
分館（外数）	19 館	0 館	56 館	0 館
条例未制定公民館図書室等	0 館	23 館	0 館	2 館

（『葵』平成 12 年度，21 年度版を基に作成）

　数字からも明らかなように，静岡県内の公立図書館は「平成の大合併」の大波を巧みに乗り越え，むしろ，拡充の好機にもした。表からも明らかなように，条例制定市町村立図書館数（本館，分館合計数）は合併前の 70 館から合併後市町立図書館の 91 館に増加した。この動向は今日も変わらず継続しているが，静岡県の図書館界の誇らしい特徴といえよう。合併して自治体規模が拡大しても，全住民の身近に図書館の

ある生活が保障されている。地域にとって人口流失や過疎の問題は深刻であるが，生活を潤す文化の拠点，図書館の存続はそれらへの盾にもなると信じたい。

5章 図書館の未来

5.1 教え子たちと図書館

　元県立図書館長の図書館にまつわる探究，苦楽の歩みを綴ってきたが，それを踏まえながら，結びに「図書館の未来」について記してみたい。

　もちろんこれは大きな，かつ，重厚なテーマで，語り尽くせるものではない。あくまで，断片的な私論だが。

　第1章「図書館の発見」でも述べてきたが，各図書館にはそれぞれの拠り所があり，地域や利用者の多様なニーズに応えながら存在している。住民の自由を保障し生存を支えながら機能してこそ図書館である。

　それはこれからも変わらない不易な図書館の存在意義といえよう。特に，知らずのうちに個人の生活が不安や圧迫に脅かされている今日，図書館は自由や生存を守る砦ともいえる。図書館は，今日も，未来にも人間の暮らしにとって不可欠である。我々は，図書館が在ることにより支えられる。

　ここで，私の三人の教え子から来た便りのことを要約，紹介する。教え子たちが図書館の存在意義を生の体験から教えてくれた。

　まず，静岡県内に住むKさんから。

　「長く務めた公務員を早期退職して嫁ぎ先の農業に取り

134

組みます。今，作物の成長に関わって楽しく働いています。農業でわからないことがあると，町の図書館に行って調べます。新しい知識が得られてうれしいです。」

高校時代もまじめな勉強家だった。図書館で勉強しながら農業に取り組む彼女を祝福したい気持ちになった。

次は夫の都合で一家でアメリカに移住したＦさん。アメリカに渡り，言葉も子どもの教育も生活もすべてが不安で閉ざされていたある日，図書館を訪れた。そして，たどたどしい英語で司書に生活の諸々を尋ねた。すると，各課題についてこまごまと懇切に教えてくれた。不安が一つひとつ除かれていった。

手紙の最後に，「先生，アメリカでは，病気になったら病院に行き，困ったら図書館に行きます」と結ばれていた。

もう一人のＷさん。国際文化を学んでいた彼女は大学３年生の時，休学して単身バングラディシュの小さな部族に入り学校で日本語の教育に携わる。現地の言葉や文化も旺盛に学ぶ。だが，ある時など部族間の抗争が起こり，部落に火を放たれ子どもたちと逃げ回ることもあったそうだ。

現地の青年たちと会話をしながら，「部族紛争の続くこの国の子どもたちのアイデンティティの獲得のためには，『図書館』を作ってあげたい，国の文化や歴史を学ぶためにも，そう思うようになりました。これから図書館づくりに向かって活動します」と書いてきた。彼女のすごい情熱に圧倒された。

ともに，まったく異なるケースの話だが，かつて，学生時代に読書や図書館の利用をテーマに語り合ったこともあった教え子たちがそれぞれの人生の中で，それぞれの図書館とのかかわりを持ち，人生を切り開いている。彼女たちは直接に

5章　図書館の未来………135

図書館の未来を語ってはいないが，すべての人にとって，図書館が希望の灯をともす可能性のあることを示唆している点で，どこかに通じるものがあるように思う。

5.2 デジタル化と読書・図書館

デジタル化の動向については連日のようにメディア等で論じられている。デジタル革命，DX 化，生成 AI，と追いかけるのにも苦労するほどのテンポでこの文明の利器は世界を席巻する。個人の生活から，企業も，行政も，まして忌むべき戦争さえデジタルなしでは成り立たない状況にある。身近では，デジタルをめぐる負の事象も氾濫している。ゲームへの没頭による不登校や SNS を用いた個人中傷や犯罪など，子どもも大人も巻き込まれているようだ。

今，このデジタル化の動きは人類文明の岐路としての意味を有するといえる。18 世紀の産業革命をしのぐ意味を有すると私は思う。これを図書館との関連で考えることもその未来に向けて重要である。

日本の子どもたちも GIGA スクール構想のもと，タブレット端末 1 人 1 台が与えられ操作技術の習得に余念がない。技量も相当なもの，中にはプログラムを組み立てる子どももいるという。大学でも，レポートの課題の文章が学生自身によるものか AI の引用か，先生方は判読に苦労していると聞く。

スマートフォンやパソコンの能力のすごさは使う人なら誰でもわかるように，とても人間の及ぶものではない。この原稿もパソコンに向かって打っているが，私も変換や割り付け，校正など瞬時の処理にすっかり依存している。漢字の適否や

136

用語の意味も検索で確認して不安を拭っている。もはや，子どもも大人もコンピュータに依存しきっている感さえある。

　図書館においても，デジタルを活用した業務やサービスが普及，定着をしていることは周知のとおりである。検索もネットワークシステムも障がい者サービスも，さらに，静岡県立中央図書館が早くから手がけてきた貴重資料のデジタル化もと，今やすべての図書館はデジタルなしでは存続できないといえる。

　他方，読書のほうはどうだろうか？　残念だが，各図書館からは利用の減少が聞こえてくる。レファレンスの質にも変化が表れてきているようだ。電車に乗って，向かい側席のほとんどがスマートフォンを操作し，読書する人の姿はもはやまれである。このまま本や図書館の存在意義は失われてしまうのだろうか。これはまさに図書館の未来にかかわる問題である。

　私は近著『牧之原「いこっと」誕生物語』で，この問題について次のように述べた。

　「こうした状況の中，今後，図書館は存続が可能なのだろうか？

　自治体が図書館の資料費よりも……デジタル分野に予算を集約させる判断は実際に起っている。我々は今こそ，本気で図書館の存在意義，必要性を論証する必要がある。

　デジタルには凌駕できない本や図書館の機能や効能を説くことはできる。第一，デジタル機器の情報処理や情報消耗とは対極の，思考や思慮に人は根元を支えられる。哲学の支え，ともいえる。デジタルをいかに用いるかの哲学的

5章　図書館の未来………137

思索は読書ともつながっている。

　近年の紛争やビジネス競争の分野でも，フェイク情報の拡散やデジタル依存の戦略が世界を不安に陥れている事例は枚挙にいとまがない。我々が求めている世界は決してこれらではない。

　デジタルを人類の平和や共存のために用いる哲学を人類は持たなければならない。そのための一法として，人類の英知と文化資源を集積する図書館を存続，充実させるべきことは必須と言えよう。

　今こそ，デジタルには無い自由で多様な英知を得られる図書館を守らなければならない。個人にとっても自治体や国にとっても，図書館は試練に立たされている『自由』や『人権』や『民主主義』の砦とも言えよう。」

やや大上段の論ではあるが，今もこの認識に変わりはない。身近でいえば，スマートフォンやパソコンも利用するが，じっくりと本に親しみ自分や世界を見つめる時間を確保したい。速く，大量な情報処理は消えやすく，ゆっくり，じっくりの読書は定着しやすい。誰でも，絵本のあのページや本のあの文章が脳裏に浮かぶことだろう。忙しい今日，子どもたちには，ゆっくり，じっくりの読書時間を与えてあげたい。心の栄養を補給してあげたい。

　そういえば，島田市の「子ども読書活動推進計画」策定の折，ある司書教諭から「タブレット端末を使って調べた学習と学校図書館の資料や読書活動の中で得た情報をつなげて考える学習を意識した取組み」という実践報告もあった。また，市立図書館の司書からは「図書館カードのパスワードを登録す

ることで，子どもたちでもインターネットから本の検索だけでなく，予約や貸出延長が可能になりました」との報告もあった。

すでに，子どもたちはデジタルと本との共生法を獲得し始めているのかもしれない。今や，その共生に向けた社会の配慮や仕掛けが求められている。

このことに関し，学生たちに教えられた事例も引用し付記する（『牧之原「いこっと」誕生物語』p.83〜84）。

「少し前になるが，筆者（鈴木）が勤務していた大学の学生たちに『子ども時代に出会った本』についてアンケート（静岡文化芸術大学学生約 100 人対象）を実施したことがある。その結果，子ども時代の本についての実に興味深い，且つ，重要な事実を知ることができたのでかいつまんで紹介する。

Q1　子ども時代に出会った本で今も心に残って大切な一冊があれば，理由と共に挙げてください。

A：ほぼ全員が即座に挙げた。以下に例示する。

・『ぐりとぐら』：自分の身長より大きなパンケーキを作ったり，暖かくて好きだから。

・『ハリーポッター』：一緒に成長したから。

・『若草物語』：小学校低学年の時に読んで道徳観にすごく憧れました。その後も何度も何度も読みました。私のバイブルです。

・『銀河鉄道の夜』：人間の生臭さが出ていていい。本の構成にびっくり。など。

Q2　現在の自分に照らし，子ども時代の読書（本）がもた

5章　図書館の未来………139

らした影響があれば教えてください。

A：

・理想が具体的になる。本の中の登場人物に近づこうと
する。

・言葉のきれいさ，趣を気にするようになった。

・人にやさしくすることを学んだ気がする。

・違う人の考えや価値観を発見でき，世界を広げられた。
など。

Q3　大人になった今，もう一度読んでみたい本があれば挙
げてください。

A：『ぐりとぐら』，『星の王子さま』，『ハリーポッター』，『エ
ルマーのぼうけん』，『赤毛のアン』，『はだしのゲン』，
『100万回生きたねこ』，『つるのおんがえし』，『ぐるん
ぱのようちえん』など多数。

Q4　ITがますます普及する中で，あなたにとって本はど
のような存在ですか。

A：

・一生消えることはない，大切なもの。

・紙と文字があっての本，データだけでは悲しい。

・インターネットとは別次元のもの，信頼できる。

・本をめくる感覚とか，字の感じとか，読書の一瞬一瞬
が二度と訪れない大切なもの。

・本との出会いは人生に影響する。私を作り，人生の一
部となり得る。」など。

私は，この小さなアンケート結果を目にした時の驚きと安
堵の気持ちとを今も鮮明に思い出す。感動すらした。スマー

トフォンを片時も離さないようなデジタル時代を生きる若者たちが，子ども時代の本との出会いを今も記憶し，さらに，読書や本の意義を自身の人生とかかわらせて自らの言葉で明確に述べている。彼らはすでに，デジタル時代を本と生きる哲学を保持している。このことからも私は読書や図書館の未来に確信が持てた。

学生に教えられたように，本もデジタルも人間が生み出した文化，文明の資産として融通しあって活用すればいいと思う。17，18世紀のイギリスで，産業革命を担った紡績工場の機械を打ち壊す「ラッダイツ運動」が起こったが，今コンピュータを壊したところで解決にはならない。それよりも，コンピュータの使い方を思慮すべきである。デジタルを有効に活用して読書にも生かすバランス，共生は大切だ。

5.3 図書館の持続可能性

過去にも未来にも，図書館が社会変革の旗手の役を担うことはない。むしろ，デジタルに新たな文明構築の役割は任せればよい。

図書館が本来担うのは，ゆったり，じっくりと思索したり，味わったり，調べたり，と，人本来の営みといえる。これは時代や場所を越えた人間不易の営みである。

フランスの思想家パスカルは「人間は考える葦である」の言葉を残したが，これは今日にも未来にも通じる。葦のようにか細くても，考えることで楽しくも，賢くも，強くも生きられる。その，考える場の一つが図書館。

人は生涯を送るにあたり，もろもろの課題と向き合って生

5章　図書館の未来………141

きている。子育て，教育，進路，就労，家族，環境，地域，生涯学習，家計，病気，老後，介護，紛争……人の一生に直面する課題は際限がない。誰もが両肩に重い荷物を背負って生きている。釈迦は人生を「一切皆苦」と看破したが，凡夫の私たちにとって人生は苦楽の連続といえよう。特に，社会や世界が複雑化し，混沌とした今日を生きるのには苦難も多い。

　それに対し，さまざまな社会システムが不安をカバーしたり，福利を提供したりしている。その一環として「図書館」がある。毎日利用しなくても生活できるが，なくてはならない，いざという時の拠り所として不可欠なのだ。

　パスカルもきっと推奨するに違いない「図書館」は，いつでも，いくらでも考えられる場所だ。

　過去から今日まで，本を著したのは人である。人が英知を傾けて他者に語りかけ，伝え，継承しようと著した本。図書館はそうした本という資産の集積地である。例えば，牧之原市の「いこっと」に行けば5万冊，5万人の著者に会える。自由に選べて，自由に借りられ，自由に読める。著者との対話。すごいことだ。

　さまざまな課題解決に，余暇や学習の手がかりに，調査や研究の手引きに，図書館はハードルなく待っていてくれる。レファレンスをはじめ，もっと，もっと利活用できる。司書も，力をつけて待っていてくれる。時に読まなくても図書館の空間と時間を味わえばよい。そこにたたずんでみよう。何かを感じられるはずだ。

　図書館の未来は劇的ではないが，持続可能だ。今の世界が希求する「持続可能な開発目標」(SDGs)に通じるものがある。

特に通じる項目を挙げてみよう。

1　貧困をなくそう

3　すべての人に健康と福祉を

4　質の高い教育をみんなに

5　ジェンダー平等を実現しよう

10　人や国の不平等を

16　平和と公正をすべての人に

　図書館や読書が，「自由」や「人権」や「民主主義」の保障と深く結びつくことからも，「誰一人取り残さない」SDGsの理念，項目と重なることは明らかだ。

　自由で多様な，そして，平等で豊かな社会の実現は図書館の未来にとっての大切な要素といえる。図書館は持続可能だ。

5.4　図書館運営論と「新静岡県立図書館構想」への期待

（1）　図書館運営論

　図書館とはなんだろう。

　四半世紀の図書館とのかかわりで私が実感したことは，資料があり，職員がいて，それを包む施設がある。よくいう図書館の三要素だ。確かに不可欠な要素といえる。しかし，それだけでは図書館として機能しない。どんな資料があるのか，どんな職員がいるのか，そして，どんな施設があるのかが重要である。さらに，それらが連携し作用し合いながらどう機能しているか，が大切である。

　収集資料を考察してみよう。山の図書館，海辺の図書館，町の図書館という立地一つとっても，資料の収集は変わってくる。先に述べたように，龍山村の小さな図書館の書架には

5章　図書館の未来………143

木や木材，山林の本が多く並んでいた。静岡市内の御幸町図書館には仕事や産業，ビジネスといった本が多くみられる。図書館によって蔵書構成は一様ではないのだ。収集方針だ。これが意味することは何か。つまり，図書館とは存在する地域，そこに生活する人々と一体のものとしてあるのだ。私は，図書館が地域住民の生活や生存を支えて存在する実態を見てきた。公共図書館の存在意義はそこにある。特に，地方自治体が税金を投入して資料を購入するに際し，一義的な選書基準はこのことだと思う。

　それゆえ，図書館職員においてもそうした地域の生活や住民の生存に配慮できる資質が求められ，司書の専門性もそこに立脚したものでなければならないと思う。

　さらには，図書館は社会的な存在である。地域にあるとともに，どのような社会と時代にあるかということも重要である。資料・本の出版を考えても明らかに社会や時代を反映してテーマや内容が決まりやすい。もちろん，いつの時代にも求められる不易の書は図書館に所蔵したいが，時代の風潮や課題，経済や文化の状況等は留まることはない。激しく変化をしている。これは職員の選書にも影響を及ぼし，貸出や蔵書にも作用する。図書館が社会的な存在である理由でもある。

　グローバルに俯瞰すれば，今日の世界は政治上，経済上，宗教上等を理由に紛争が絶えない。勝手な理由をつけて他国の領土にまで踏み込んでくる。第二次世界大戦後の民主主義への信頼と合意は雲散霧消，どこに行ったのだろう。平和への道はこれほどに険しいものなのか。

　この混迷する時代にあって，互いの人権や生き方を尊重し，多様な価値を認め合う場があるとすれば，それは図書館だろ

144

う。図書館は多文化共生の場，人類が希求する平和のシンボルといえよう。それゆえ，図書館職員は偏見や独善を排して選書やサービスに努めなければならない。

　館長の立場で言えば，こうした図書館への認識を元に自館の運営や施策を考えるべきであろう。単なる入館者や貸出冊数といった利用統計にだけ一喜一憂するのではなく，地域や住民に寄り添って図書館を運営するべきだ。世界に視野を広げるべきだ。館長室での思索も大切だが，部屋を出て館内を歩き，館の外にも，世界にも関心を払って見聞を重ねることだ。図書館運営へのヒントが見出せるであろう。

　また，図書館とは人なり，こうもいえる。

　よく「教育は人なり」，教育を担う人，教職員の如何により教育の成果は変わる，というたとえである。このことは，そのまま図書館にもいえる。第一に，図書館職員の如何により図書館効果は大きく動く。特に，司書の力量，センス，接遇などによりサービスのレベルは大きく変わってしまう。資料に対する深い理解，相談に応ずる対応力，住民や地域に対する観察眼，生活者の視点，人権への配慮など司書の資質にとって大事な要素だ。実態としては，残念ながら資質の格差は大きい。司書資格を取った私が，一度もカウンターに立てなかったのもまず力量の不足に理由があった。もちろん，初めからそうした資質を備えていることはなく，日常の業務を通して身につけ，館内外の研修により磨いていく必要がある。館内だけに留まるのでなく，図書館のある地域を歩く，住民と会話を重ねる，この現場感覚が大切。もちろん，勉強もする。学び続ける人こそが専門職に値するし，図書館とはそういう職員により支えられる。

5章　図書館の未来………145

さらに，図書館は人なり，その人として大事なのは利用者だ。利用者の来館のしかたが職員を育て，図書館を成長させる。どんな本を求めているか，レファレンスの内容，図書館の利用や滞在のしかた等，時に，要望や苦情も含め，利用者の在り方は図書館に影響を及ぼす。館長も職員も利用者から目を離してはいけないし，つぶやきにも耳を傾ける必要がある。

図書館とは利用者のためにあるのだから。このことを4年間の館長勤務を通して認識した。

また，図書館行政にかかわる人，社会教育や生涯学習，図書館協議会委員，そして，企画や建設にかかわる人の役割もきわめて重要である。図書館運営は，教育行政に求められる公平・公正な中立性を旨に業務執行する教育委員会による直営が望ましいが，予算や人事を含め教育委員会の教育方針や当局への要求は図書館の水準を左右する。牧之原市の例のように図書館協議会開催のたびに図書館の担当職員はもとより，教育長，部長から館長や社会教育課長など総出で出席，真摯に対応をして「民と官」がスクラムを組む。このスクラムが図書館空白地域に2つの図書館を誕生させた。もちろん，民と官が常に一致できたわけではない。それぞれの立場や見解の相違はあり，時に意見の対立もあったが決裂はなかった。互いが相手を理解しようという姿勢は保持できた。それは市民を代表する委員の側と行政側，教育委員会双方の誠実さによる。向き合うのは立場であり，人だ。

また，行政だけに頼らないで図書館のために尽力したいという思いのボランティアのみなさん，パブリックコメント（パブコメ）に建設的な意見を寄せてくださる市民の方々，地道に

図書館を支えてくださる図書館友の会や読み聞かせグループのみなさん，雑誌スポンサーに応じてくださる企業，商店など，図書館はなんと多くの人々により支えられていることか。そう，図書館に配架されるたくさんの本を書いてくれた著者も人だ。絵本作家も，小説家，学術書を著した研究者も，読者とめぐり会いたくて渾身の一冊を図書館に贈ってくれた。

　かくして，図書館という物体が実は膨大な人間群と見えてくる。まさに「図書館は人なり」だ。図書館に勤務してそう実感した。館長の図書館運営はこうした膨大な人との出会いを認識し，人との協同作業を組み立てることだと思う。

(2) 「新県立図書館構想」への期待

　今，静岡県立中央図書館に一大転機が訪れようとしている。

　思えば，私のはじまりは県立図書館長からはじまる図書館探究であった。県立図書館としての望ましい図書館像とは何か，その探究はずっと続いた（資料編 p.169〜171 参照）。その県立図書館の現在と未来について述べて小著の結びとしたい。

　50 年に及び日本平の丘陵地に建つ県立中央図書館が，東静岡駅前に移転することになり，いよいよ着工を迎えんとしているのだ。今，期待を込めてその進捗を見守っている。

　経緯を少し遡る。2000 年前後，私が館長として赴任したころから移転の件は水面下で話題になっていた。丘陵地ゆえ，障がいのある方や高齢者への配慮や駐車場の不足等，さまざまな理由から移転について検討がなされていた。静岡県が免れることのできない耐震の問題も重要であった。私たちがヨーロッパに図書館視察に出かけたのもそのための備えとい

5章　図書館の未来………147

えた。県庁からもそのサインが出て，大学教授を招いて新県立図書館の基本構想なるものを練ったりもしていた。

　最重要懸案の耐震性について，資料棟が平成7年度の診断結果「Eランク」と判定され，建て替えの必要性が指摘された。平成13年度に応急補強されたが，平成29年度に資料棟の閲覧室床にひび割れが認められ臨時休館に至った。私は，このひび割れを最初に見た時の不安感を今でも思い出すが，不気味なひび割れが床の四方に無数に走っていた。閉館もやむを得なかった。

　軌を一に，県立中央図書館の利用も低迷していた。県教育委員会資料「新県立中央図書館基本構想」（平成29年社会教育課作成）から平成23年度と28年度の利用指標を比較してみよう。以下のとおりである。

	平成23年度	平成28年度
入館者（一日平均）	690人	656人
個人貸出資料数	122,954点	132,356点
レファレンス件数	9,081件	8,195件
協力貸出点数	9,088点	7,527点

　皮肉にも，こうした低迷が新県立図書館構想につながっていく。立地環境をはじめ，狭隘化，耐震性など，県立図書館の利用にはマイナス要因とみなされた。以後，県教育委員会では新しい県立図書館の構想検討を急ピッチで始める。担当は社会教育課が担った。

　「新県立図書館基本構想」から経緯を要約する。

○　平成 17 年度「新県立図書館基本構想　内部検討まとめ」

　ここでは県の総合計画や教育計画とも重ね，「意味ある人づくり」推進のための「県民の資料情報センター」としての新県立図書館構想が示された。そして，図書館が目指す方向として 3 つの基本的性格と 4 つのセンター機能が盛り込まれた。

「基本的性格」
　・県民と世界を結ぶ図書館
　・県民の知の創造を支援する図書館
　・すべての県民に開かれた図書館

「センター機能」
　・調査研究の支援センター
　・県内図書館サービス推進センター
　・静岡文化の交流・創造・発信センター
　・「読書県しずおか」の推進センター

　これらを掲げたうえで，「ユニバーサルデザイン」や「交流する自由空間」，「文化・情報ゾーン」といったコンセプトも盛り込まれた。

　県立図書館の未来に向かう姿が描かれた構想といえよう。特に，海外視察で知見を得た「世界を結ぶ図書館」や県立図書館が重視する「県内図書館支援」が掲げられたり，教育委員会で取り組んできた「読書県しずおか」の推進などが取り入れられた点を評価したい。

○　平成 24 年度「県立図書館在り方検討会報告書」

　2011（平成 23）年に設置された「県立図書館在り方検討会」は，10 年後の県立図書館を見据えて，2013 年に報告書を教育委員会に提出した。

5 章　図書館の未来………149

報告書ではまず，3つの柱が示された。
・生涯学習社会実現のための図書館
・"ふじのくに"のことなら何でもわかる図書館
・市町立図書館を強力にバックアップする図書館
である。

そのうえで，望ましい施設の在り方として6点が示された。
・老朽化への対応，バリアフリー対策
・開館日及びサービス形態等への配慮
・文化の丘にふさわしい知の拠点としての環境の確保
・書庫の狭隘化の解消，貴重書を確実に未来に引き継ぐ環境の整備
・地域資料のデジタル化
・省資源，省エネルギーへの積極的な取組

10年後は遠い先ではない。報告内容は未来というよりむしろ直近の感もあり，少子高齢化対応や多文化共生への配慮，多様な地域課題への対応等を含めた斬新な図書館像を盛り込んでもよかった気がする。ただ，これまでも，これからも県立図書館として大事にしたい内容，在り方といえよう。「書庫の狭隘化も解消，貴重書を確実に未来に引き継ぐ環境の整備」や「省資源，省エネルギーへの積極的な取組」などは，これまで考慮されにくかった施設の在り方として注目に値する。

○　平成28年度「県立中央図書館整備の検討に関する有識者会議」設置

専門家や利用者の立場から，時代の動向や要請，県民の要望等を踏まえた新県立図書館の目指すべき姿と担うべき役割

等が協議された。ここでは,「文化力の拠点施設」における
図書館機能が協議され,新図書館と現図書館との機能分化案
が示された。両館併用の考えが盛り込まれ注目された。

○　平成29年度「新県立中央図書館整備の検討に関する有
　　識者会議」設置
　現図書館は耐震上,継続使用に耐えられないことが判明し,
県議会において知事が東静岡駅前への全館移転整備方針を示
した。新県立図書館単独の方針へと変更された。それを踏ま
えて有識者会議では「文化力の拠点」施設の先行整備を決め
た。現県立図書館との併用案はさまざまな問題を抱えていた
だけに無理があり,この方針変更は妥当と考える。

　以上のように,新しい県立図書館の建設に向けて実に多く
の協議や報告を重ね,その目指すべきビジョンが明らかに
なってきたが,やや重複,屋上屋を重ねた感もある。先の「基
本構想」から改めて「新県立図書館の目指すべき姿」を再確
認してみたい。

　「今後,新県立中央図書館は,ますます多様化していく
　県民のニーズに応えるため,時代の変化に適切に対応しつ
　つ,県内図書館の中核として県内市町立図書館を支援し,
　住民一人一人の生涯学習を支える,自立を支援する,地域
　づくりに貢献する,静岡の発展に寄与する等,知のインフ
　ラ(社会資本)としての役割を継続する。」

という多彩な役割を踏まえたうえで,以下のような「目指す

べき姿」を掲げる。

① 県民の生涯学習，読書活動の拠点としての図書館
② "ふじのくに"のことなら何でもわかる図書館
③ 県内市町立図書館を強力に支援する図書館
④ 県民が出会い交わり，新しい文化を育む図書館

そのために，新県立図書館は「高い専門性を有する職員と充実した蔵書を基盤としつつ，本県の文化や歴史に関わる資料を広範囲に収集，整理，保存，提供するとともに，市町立図書館等への支援や協働を通して県全体の図書館サービスの向上に努める」とする。

併せて，新しいタイプの図書館となるため，資料だけに頼らないこと，体験や利用者の共同学習の機能などにも着眼している。

県立図書館らしい堂々とした柱で，ここから細部にわたり施策を施し構想を体系化してほしい。

東静岡駅前に，静岡県民待望の新県立図書館がいよいよ着工されようとしている。

この時に当たり，私はこうした新しい県立図書館の「構想」や「目指すべき姿」に対して関心を払ってきた。25年前，素人館長として着任して学び，探究し，確信した県立図書館の運営経験から新県立図書館への期待を込めて以下を提言する。

・県立図書館にふさわしい専門性に値する資料と職員を確保する。特に，十分で安定的な資料費の確保，司書の公募採用と人件費の確保を維持する。

・調査研究のためのサービスとともに資料貸出，レファレンス，講座等幅広いサービスを展開する。いわゆる「二線図書館」に固執せず，自らも県立図書館の有する資源を活用して積極的に県民サービスを行う。

・県立図書館として全県の図書館を視野に，県立の資源を活用して市町立図書館の支援を行うことを基本的任務とする。特に，資料の相互貸借，専門的職員研修，図書館建設支援，レファレンス支援等は市町立図書館の実態に応じてきめ細かく支援する。

　　県民全体へのサービスを担う県立図書館として県市合築や二重行政といった立場はとらず，全県内図書館の発展，連携を願い，支援を含め事業化することは当然である。

・館長も職員も自館の利用者だけでなく広く県民の生活を直視して図書館サービスに反映する。それを通し未来につながる創造的なサービスを生み出す。

・丘陵地から駅前へ，立地場所の変化により利用者も変化することを認識し，多様な来館者に対し柔軟で多彩なサービス展開や居場所・交流の提供等を行う。変化への対応としてサービスや業務においてDX化にも努める。

　　以上，私なりの提言であるが，新県立図書館への期待は尽きない。新たな図書館の建設により，県民の幸せを高めるとともに，地域，県域の教育や文化，政治や経済の発展に資すると確信する。そして，世界の平和にも貢献すると信じたい。静岡の図書館の未来が見えてくる開館が待ち遠しくてならない。

5章　図書館の未来………153

あとがき

　図書館とのかかわりの25年を巻き戻し，一気に再現をした。

　全体としての脈絡やテーマに統一性が欠ける気もするが，図書館とかかわれた私的な図書館探究を楽しく回顧した。

　県立図書館長として遅々たる歩みながら，その運営や県民サービスの在り方などを学んでいった過程を綴ってみたが，こうした探究が図書館運営の参考になればこんなうれしいことはない。

　素人館長だった割にその後も程よい距離で図書館とかかわれたと思っている。エキサイティングな四半世紀であった。

　県全体の図書館振興から市町の図書館建設や子ども読書活動推進と，思いがけない広範な仕事とかかわりながら図書館の存在意義を確信できた。たくさんの図書館訪問を通して得た知見は"コロンブスの卵"にも値した。そして，図書館が市民の生活を変え，町を変えることを目の当たりにしてきた。とりわけ，隣町の牧之原市における2つの図書館誕生は爽やかな刺激に満ちていた。文明開化に立ち会ったような興奮を覚えた。一口で言えば，図書館の可能性実証だ。

　図書館を通して出会えた人たちとは今も仲間を感じるが，職業柄か，執筆中も子どもたちの未来のことも気にかかっていた。デジタル化の進む社会にあっても子どもたちは幸せを実感してくれるだろうか，と。野やせせらぎは変貌し，子どもたちの遊び場は室内へと誘導されている。そこにさまざまなデジタル機

器は並びそうだが，本はどうだろうか。悠長な読書など遠ざけられないかと不安になる。

　速く，たくさんなことだけが，いいことではない。ゆっくり，じっくりの読書のよさは「読書県しずおか」の地だけでなく，全国，全世界で大切にすべきと信じる。

　この本を書くように熱心に勧めてくださった草谷桂子さんにこころから感謝します。出版に値するか，思案する私にその意義を懇切に諭してくださいました。少しずつ納得してしまったのは，何冊もの児童文学作品を世に出してきた方の説得力と読書を尊ばれる真摯なその生き方にも依ります。

　また，採択してくださった日本図書館協会出版委員会の皆様，懇切に査読の労を取ってくださった皆様にもお礼を申し上げます。特に，蓑田明子さんには度重なる校正作業に加え，貴重な示唆や明晰な助言をいただきお世話になりました。また，それぞれのテーマに関し，取材やコメントの依頼に快く応じてくださったみなさん，執筆関連のレファレンスに丹念に応えてくださった静岡県立中央図書館司書の増田曜子さんはじめ職員のみなさん，資料提供をしてくださった牧之原市立図書館司書の水野秀信さんにもお礼を述べたいと思います。

　小さな本ですが，一冊が出版されるまでにはかくも多くの方々のご支援が込められることを実感しました。

　皆様，ありがとうございました。

2024 年 10 月 21 日

鈴木　善彦

資料編

1 「静岡県立中央図書館事業体系」(『静岡県立中央図書館要覧 平成 10 年度』)

2 「平成 10 年度 県内公共図書館のサービス指標」(『平成 11 年度静岡県公共図書館の現況』)

3 「静岡県立中央図書館の改革と資料費の確保」(『図書館雑誌』vol.95, no.8, 2001 年 8 月)

4 「望ましい図書館像」(『葵』36 号, 平成 13 年度)

1 静岡県立中央図書館事業体系（『静岡県立中央図書館要覧平成10年度』）

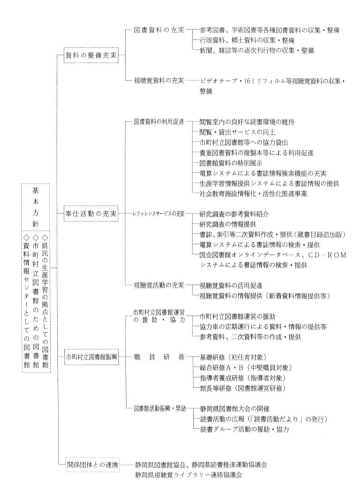

2 平成10年度　県内公共図書館のサービス指標（『平成11年度静岡県公共図書館の現況』）

◎市立図書館

資料費10年度決算1人当(円)	
三　島	518
湖　西	445
掛　川	389
富士宮	388
富　士	330
磐　田	299
天　竜	294
島　田	286
沼　津	276
裾　野	273
袋　井	272
○県平均	268
清水市	268
熱　海	266
御殿場	255
静　岡	253
●全国平均	249
浜　北	222
下　田	214
浜　松	198
藤　枝	187
焼　津	187
伊　東	164

蔵　書　冊　数 −1千人当−(冊)	
天　竜	3,968
富士宮	3,434
湖　西	3,068
熱　海	3,067
下　田	3,006
島　田	2,959
磐　田	2,898
静　岡	2,388
富　士	2,381
袋　井	2,258
御殿場	2,132
裾　野	2,131
○県平均	2,115
三　島	2,038
●全国平均	1,999
伊　東	1,951
焼　津	1,781
浜　北	1,765
浜　松	1,751
掛　川	1,743
沼　津	1,586
清水市	1,518
藤　枝	1,485

受　入　図　書 −1千人当−(冊)	
湖　西	264
磐　田	226
富士宮	220
天　竜	187
三　島	177
掛　川	155
富　士	149
島　田	148
●全国平均	145
御殿場	141
袋　井	140
○県平均	127
清水市	125
裾　野	123
静　岡	119
藤　枝	108
浜　北	104
熱　海	101
沼　津	99
下　田	96
浜　松	94
焼　津	91
伊　東	60

貸　出　冊　数 −1千人当−(冊)	
富　士	5,730
富士宮	5,528
静　岡	5,365
磐　田	5,306
沼　津	4,764
島　田	4,651
三　島	4,505
●全国平均	4,249
○県平均	3,999
湖　西	3,958
御殿場	3,916
袋　井	3,717
裾　野	3,716
藤　枝	3,525
焼　津	3,395
浜　松	3,257
掛　川	3,158
清水市	2,383
浜　北	2,151
天　竜	1,773
伊　東	1,763
下　田	1,727
熱　海	1,099

専任職員1人当の奉仕人口(千人)	
三　島	6.5
磐　田	6.8
富士宮	6.8
下　田	7.0
●全国平均	8.5
熱　海	8.8
湖　西	9.0
静　岡	9.7
掛　川	9.9
富　士	9.9
沼　津	10.0
御殿場	10.4
浜　北	10.7
○県平均	10.8
袋　井	11.8
浜　松	12.6
島　田	12.8
裾　野	13.0
清水市	14.9
伊　東	15.0
藤　枝	16.2
焼　津	23.6
天　竜	

◎町村立図書館

資料費10年度決算1人当(円)

吉　田	2,133
浜　岡	1,554
細　江	861
蒲　原	841
大　仁	771
舞　阪	750
韮　山	733
春　野	680
雄　踏	658
竜　洋	656
修善寺	647
引　佐	630
東伊豆	594 ○
県平均	583 ○
全国平均	555 ●
大井川	543
大須賀	465
豊　田	431
佐久間	361
新　居	361
南伊豆	319
浅　羽	301
小　山	300
戸　田	298
長　泉	296
菊　川	276
森	275
土　肥	271
清水町	187
伊豆長岡	112
相　良	74

蔵書冊数 －1千人当－(冊)

町村	冊数
細　江	6,369
舞　阪	5,840
戸　田	5,677
大須賀	5,514
浜　岡	5,341
大　仁	5,224
新　居	5,222
佐久間	5,167
竜　洋	5,094
蒲　原	4,964
菊　川	4,471
南伊豆	4,227
春　野	4,170
東伊豆	4,030
大井川	3,657
引　佐	3,604
小　山	3,554 ○
全国平均	3,519 ●
県平均	3,505 ○
土　肥	3,471
豊　田	3,045
修善寺	3,001
雄　踏	2,881
浅　羽	2,541
森	2,322
韮　山	2,185
伊豆長岡	2,105
吉　田	2,024
長　泉	1,907
清水町	1,805
相　良	721

受入図書 －1千人当－(冊)

町村	冊数
吉　田	1,105
浜　岡	828
細　江	611
舞　阪	525
修善寺	408
蒲　原	362
引　佐	360
大井川	334
大　仁	316
全国平均	314 ●
大須賀	301
県平均	297 ○
春　野	287
東伊豆	276
竜　洋	251
南伊豆	240
土　肥	221
佐久間	210
戸　田	208
豊　田	207
韮　山	193
新　居	192
浅　羽	176
森	175
小　山	164
菊　川	122
伊豆長岡	120
長　泉	107
清水町	104
相　良	49
雄　踏	－

貸出冊数 －1千人当－(冊)

町村	冊数
浜　岡	21,153
竜　洋	15,376
細　江	10,956
大井川	8,148
蒲　原	7,376
大須賀	6,463
雄　踏	6,311
引　佐	5,433
県平均	5,359 ○
舞　阪	5,329
修善寺	5,282
新　居	5,152
大　仁	5,089
全国平均	5,055 ●
豊　田	4,818
東伊豆	4,765
南伊豆	4,645
浅　羽	4,155
菊　川	3,790
小　山	3,739
森	3,573
長　泉	3,527
佐久間	2,975
清水町	2,602
韮　山	2,433
春　野	2,413
戸　田	1,678
土　肥	1,226
伊豆長岡	1,218
相　良	430
吉　田	／

専任職員1人当の奉仕人口(千人)

浜　岡	2.9
春　野	3.4
蒲　原	3.5
雄　踏	3.6
大　仁	4.0
東伊豆	4.0
修善寺	4.3
戸　田	4.4
吉　田	4.7
竜　洋	5.1
引　佐	5.1
南伊豆	5.2
小　山	5.5
新　居	5.8
大井川	5.9
舞　阪	5.9
県平均	6.2 ○
浅　羽	6.3
佐久間	6.4
細　江	7.1
全国平均	7.1 ●
豊　田	7.2
菊　川	7.9
長　泉	8.9
韮　山	9.7
清水町	10.1
森	10.7
大須賀	12.2
土　肥	／
伊豆長岡	／
相　良	／

※『平成11年度 静岡県の図書館』による。
※ 全国平均は1999年版『日本の図書館』による。

3 「静岡県立中央図書館の改革と資料費の確保」（『図書館雑誌』vol.95, no.8, 2001 年 8 月）

静岡県立中央図書館の改革と資料費の確保

鈴木善彦

はじめに

今，図書館界に二つの風，順風と逆風とが吹いている。順風とは，図書館活用の機運の高まりであり，逆風とは自治体財政の悪化に伴う図書館予算の逼迫と言える。図書館への期待は確かに高まっているが，逆風も実に強い。とりわけ，図書館の生命とも言える「資料費」の落ち込みは目を覆うばかりである。資料の収集が低下すれば，足を向けはじめた利用者を再び図書館から遠ざけるのは目に見えている。

私たちの静岡県立中央図書館でも基本的に状況は同じであった。すでに 1998 年ごろには，利用率の低下→予算・資料費の減少→利用率の低下…，この悪循環が顕在化していた。

しかし，結論から言うと私たちの図書館は昨年度 500 万円増，本年度 3000 万円増（2001 年度資料費 1 億円），2 年間で 40％を超す資料費増を確保することができた。また，読み聞かせ事業（社会教育費）にも 1000 万円の予算が付いた。率直に，私たちは喜びをかみしめた。

このたび，本誌編集委員会からこのことで執筆依頼をいただいたが，当館もまだ課題は山積，来年度以降の資料費が約束されているわけでもないので躊躇した。それでも，厳しい逆風と闘う図書館仲間になにがしかのヒントが提供でき，私

たちを支援してくださった多くの方々へは感謝の気持ちが伝われればと，綴らせていただくこととした。

1. 静岡県立中央図書館の危機

当館はこれまで県立図書館としてかなり明確な方針を持って運営されてきた。特に，県民の調査研究活動を支援する図書館，を任務の基本とした。大学や美術館も隣接し利用者には研究者や学生が多い。また，市町村立図書館を支援するという役割も担ってきた。それゆえ，収集資料やレファレンスは専門的分野に特化できた。しかし近年，利用状況に大きな変化が表れ，特に調査研究活動のためばかりでなく，幅広い学習活動のためまで，と利用幅は着実に広がった。利用実態調査からもサービスの「質」だけでなく，「量」や「面」のカバーが求められていると判明した。運営方針と利用者ニーズとの乖離が始まっていた。

こうした状況下，安定していた利用率も変化をみせ，かつて 20 万人に迫った年間入館者数が 1997 年度には 15 万人という水準にまで落ち込んだ。貸し出しも減った。そして，それに比例して資料費も減額され，2000 年度予算では当局よりマイナスシーリング（年率△ 30％）の枠までかぶせられてしまった。6500 万円の資料費は 3 年後には 2200 万円にまで落ち込む計算になる。サービスの低下は免れず，職員からは悲鳴が上がった。静岡県立中央図書館の危機と言えた。ここに，運営方針の見直しを含め図書館改革は不可避となった。

2. 静岡県立中央図書館の改革

1998 年度より当館は本格的に改革に着手したがその基本に

は「県民の学習活動の支援」を据えた。従来からの「調査研究活動の支援」重視を見直し，広く県民全体を視野に入れたサービス展開を意図した。この場合も市町村立図書館との役割分担に配慮し，あくまで県立図書館にふさわしいサービスを基本とした。そして，改革の基本理念としては次の3点を念頭に置いた。

① 「開かれた図書館」…利用規制の緩和やIT等を活用した開放体制の推進
② 「信頼される図書館」…市町村や利用者から信頼される力量育成とサービス提供
③ 「成長し続ける図書館」…停滞を排除し職員参加の下に不断の改善・改革推進
　3年間にわたり計画的，持続的に改革を実施してきたが主な方策を以下に挙げる。

＜1998年度＞
・夜間開館の実施（金曜日），年末年始の施設開放（12/29，30，1/2，3）
・広報活動積極化－全県の学校，公民館等
・インターネット・ホームページの開設（貴重書・浮世絵掲載，蔵書検索等）
・駅前文化施設（グランシップ）内に県立図書館の出先コーナー開設　等
＜1999年度＞
・市町村立図書館(46館)窓口での図書の返却と県庁返却ボックスの設置

・インターネット利用者端末 8 台開放，メールレファレンス
　の開始
・ボランティア作成「デジタル葵文庫」の CD-ROM 化とホー
　ムページ掲載
・レファレンス事例（「お答えします」）の静岡新聞執筆と掲
　載（96 週）　等
＜2000 年度＞
・夜間開館日の増加（金曜日→水，木，金曜日へ）
・CD-ROM 用館内利用者端末の設置
・ホームページの充実（「浮世絵データベース」の東大史料
　編纂所との連携等）
・利用者講座充実（年間 15 講座－インターネット，レファ
　レンス，貴重書等）
・市町村立図書館への県立職員派遣（短期業務研修，要請訪
　問，情報化支援等）　等

　「県民の学習活動の支援」を目指した改革は一部に「サー
ビスの分散」との指摘もあったが，全体としては確かな評価
を得た。アンケートには「県立図書館が変わった」，「利用者
の立場を考えてくれる」などの声が多く寄せられたし，賛同
の電話や投書等も増えた。また，新聞にも図書館に関する記
事が幾度となく掲載された。これらの反響を通して，県民の
間に県立図書館の存在やサービス内容が確実に浸透していっ
た。
　さらに，これらの改革は数値としてもはっきりと成果を表
した。それまでは減少傾向にあった利用に歯止めがかかった
ばかりでなく，顕著な増加に転じた。その動きを図 1 に示す。

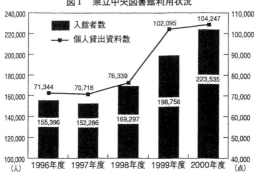

図1　県立中央図書館利用状況

3. 図書館サポーター

　図書館には多くの人々から要望や批判，叱咤激励が寄せられる。そして，そのほとんどがよき支援者になってくれる。当館の場合も同様である。ここ数年，県立図書館協議会，学識経験者，マスコミ，県教育委員会の各関係者，そして，利用者…と実に多くの方々が図書館に共感を寄せてくださった。ここでは，誌面の都合で「県立図書館サポーターネットワーク」についてのみ触れる。

　このネットワークは，県立図書館協議会委員で文庫活動を20年以上も続けられている一女性の小さな決意と運動から始まった。同委員は1998年度に協議会委員に就任以来，常に建設的なご意見を述べられ，県立図書館の実態，特に館の老朽化や資料費の不足，専門職員の不足などを憂いてその改善を願われてきた。そして，一連の改革を理解されたうえで，「県立職員の努力に報いてあげたい」，「県立図書館を応援しよう」と文庫仲間や「子どもの本を読む会」メンバー等に呼び掛け

られた。たちまち図書館に心を寄せる方々が集い，「県立図書館サポーターネットワーク」を立ち上げた。直ちに趣意書を起草し知事宛の請願署名運動が始まる。この間，サポーターと県立図書館とで数回の話し合いをもち，意思の疎通を図った。図書館の話があちこちに起こり，運動の輪がどんどん広がった。署名期間はちょうど冬の季節，風邪をおしてお願いに回ると栄養剤を差し入れてくれる家もあったそうだ。市町村のためにも県立図書館の充実をと，館をあげて運動してくれた図書館もあった。

趣意書では「最近の県立図書館のサービスは目に見えて向上している」と評価していただいたうえで，「全国のレベルからみると，まだまだ」の「県立図書館サービスの充実」支援のため，

・資料の充実，児童書の収集
・司書職制の確立，専門司書の確保
・県内図書館ネットワークシステムの整備
　そして，
・新県立図書館の建設
　等の要望がなされた。

3か月で集めた署名1万4479名，賛同団体29，賛同者124名。署名簿は直接知事に提出された。日ごろ文化行政に見識の深い知事はこの署名の重みを考慮し，図書館についてサポーターの代表者と前後2度にわたり意見交換をした。当然，報道も取り上げた。そして，この後知事は富士市立中央図書館を単身で訪れたり，県議会において図書館の意義を強調したうえで県立図書館「資料の充実」や「新しい県立図書館整備」への理解を答弁する。

今回のサポーター運動は県立図書館支援のうねりと力を生み，同時に県立図書館の存在を県内に知らしめてくれた。この運動に対し，私たちは今も感激と感謝の気持ちでいっぱいである。

4. むすびにかえて－資料費確保への近道
　資料費削減・サービス低下の危機は，シーリング調整と2001年度資料費大幅増額によりひとまず回避された（図2参照）。

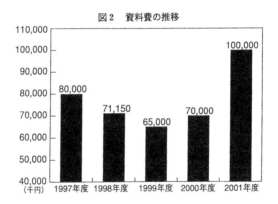

図2　資料費の推移

　この成果は実に多くの要因が幾重にも補完し合ってのことであるが，あえて以下に要約をしてみる。
① 図書館の現状分析，方向性を踏まえたうえで改革を推進し予算要求を行う（当館の場合は専門家の力もお借りして「静岡県立中央図書館の在り方」報告を策定した）。
② 一連の図書館改革がそれなりの成果を生み，資料費確保

を導いた。成果の発信も大切。図書館のサービス拡充こそ予算要求の前提と言える。

③　多くの方々からの県立図書館に対する支持とサポートが力となった。図書館の仕事は努力すれば必ず支援していただけると確信した。市町村立図書館との連携も大切である。

④　自館の弱点や課題を公表する勇気を持つ。また，立場を越えて対話を重ねる。県民と共に悩み，共に解決を目指すことの大切さを実感した。

⑤　予算要求を裏付ける分析や理論化を図る。まず，利用者分析。費用対効果や行政効果分析，資料収集と貸出との相関係数分析，関連施設の集客力比較等の手法も用いた。説得力ある論理の展開が求められる。

⑥　教育委員会，知事部局の理解は不可欠。そのための説明・発信も。当館にとって教育長，次長，さらに，県知事の理解が大きな支えとなった。

⑦　職員の意欲と参画が改革の原動力。内輪だが当館職員の頑張りには拍手を送りたい。

＊

振り返ると，資料費確保だけを達成する近道はないように思う。利用者の願いを実現しようとする日々の努力こそ結果的には近道だったような気がする。

（すずき　よしひこ：静岡県立中央図書館）

4 「望ましい図書館像」（『葵』36 号　平成 13 年度）

望ましい図書館像

館長　鈴木　善彦

　21 世紀最初の年度を閉じようとしているが，図書館界にとってこの年，様々なレベルで「望ましい図書館像」が提示された点，きわめて画期的であった。

　とりわけ，昨夏，待望久しい「公立図書館の設置及び運営に関する望ましい基準」が文科省大臣告示として示されたことは，わが国図書館史上に深く刻まれるべき出来事といえた。全体が理念的で，かつ「数値基準」が「参考」にとどまった点や，県立図書館に関する内容に斬新さを欠いた点などは指摘されている通りではあるが，国が公共図書館の望ましい姿を法律を拠り所にデザインし，大臣告示として全国の教育行政当局に指示したことの意義はいくら強調しても過ぎることはない。また，これに連動して日本図書館協会が『L プラン 21』を発刊したことも特筆すべきことである。町村図書館に視点を置き，その運営やサービス展開の在り方を極めて具体的に提言したこの小冊子は，苦悩する各図書館に勇気やヒントを与えたことであろう。

　『2005 年の図書館像』もこの年発行されたタイムリーな手引書といえた。図書館が IT 時代の高度情報化にいかに対応すべきか，この今日的課題に対して中期的展望に立って具体的，積極的に提言する本書の先導性は力強いものがある。

　さらに，図書館周辺にまで視点を広げれば「子ども読書推進法」の成立も「図書館像」との関わりを持つ。本来，個人

的な行為としての読書を法律により奨励せんとする発想には議論も起こったが，この推進には少なからず図書館の役割が期待されてこよう。その意味で，2002年度から本格実施される「新学習指導要領」に児童生徒の学校図書館，公共図書館活用が盛り込まれたことも注目される。学校五日制のゆとり生活の中で子どもたちが今まで以上に図書館を利用することは想像に難くないからである。

　短い期間に様々図書館像が提示された今，私たちはこれらをどう咀嚼し，どう自館の「望ましい図書館像」を描くべきであろうか。これは県立図書館としても極めて大切な課題といえる。

　もちろん地方の時代を迎え，自治体のおかれた状況を考慮して図書館像を描くことが必要条件である。財政事情や住民ニーズを無視して今日それは描けない。例えば，「望ましい基準」についても，網羅的に基準達成を目指すのではなく，自治体として優先すべき基準値を掲げたり，求められる新たな目標値を設定して実現を図るなどの柔軟な姿勢がなくてはならない。

　本館について言えば，高い支持を得てきた調査研究や生涯学習への支援に加えて，「生活への支援」といった視点も求められてこよう。今，混迷する社会の中で生活や生業に苦しんでいる人達へのサービスを欠いてはならないからである。産業や雇用，福祉や教育など，社会生活の多面に模索する人々の存在があることを図書館員は銘記すべきである。例えば，老後の生活に向かう人のため再就職や社会保障，ボランティアなどについての資料・情報が備えられていたらどんなに有効であろうか。こうした意味で，「生活への支援」に応える

170

図書館が今日の「図書館像」を構成する重要な要素と考える。これに関し，既に，「県立中央図書館の在り方研究」や「中期計画」にも職員から具体的な提言がなされた点は心強い。

さらに，市町村・大学図書館と連携した図書館像，利用者評価を取り入れた図書館像，広域行政を視野にいれた図書館像，そして，機能面からのハイブリッドな図書館像など構想モデルは山ほどある。加えて，本館は耐震工事により安全な図書館を目指している。これも望ましい図書館の大事な基礎である。

厳しい時代ではあるが，私たちは図書館サービスの停滞を排し，「望ましい図書館像」を果敢に描いてみたい。進化し続ける姿勢こそ図書館と図書館員にとって不可欠なのだから一。

事項索引

【あ行】

葵文庫……………………… 3, 4, 5

朝読書………………………88, 112

いこっと　→牧之原市立図書交流館

一線図書館 …………………… 36

移動図書館 ………………28, 62, 116

医療情報…………………… 25

いろ葉　→牧之原市立文化の森図書館

インターネット …… 16, 18, 26, 32, 40, 41, 50, 51, 54, 62, 63, 70, 72, 108, 111, 139, 140, 163, 164

英国図書館革新センター………… 62

SDGs…………………… 111, 142, 143

おうだんくん　→静岡県横断検索システム

大阪市立中央図書館……………… 60

大阪府立中央図書館…………… 60, 61

小笠町立図書館 ……………… 48

【か行】

開館時間延長……………… 33, 71

学力到達度テスト ……………… 85

掛川市立図書館……………… 48, 49

課長・係長会……………… 34, 72

学校司書………26, 95, 105, 109, 111

学校図書館担当指導主事……… 88, 90, 91, 92, 93

学校図書館図書標準…… 107, 109, 110

金谷町立図書館………46, 47, 48, 113, 114

企画振興課長……………… 47, 48

GIGA スクール構想……… 90, 111, 136

規制緩和……………… 10, 66, 79, 101

岐阜県図書館……………… 60

基本的人権 ……………… 57, 58

教育委員会 ………46, 52, 53, 62, 75, 81, 87, 88, 89, 91, 93, 102, 104, 117, 118, 120, 126, 146, 148, 149, 165, 168

教育委員会直営………80, 101, 103, 146

教育基本法 ……………… 58

教育長……44, 46, 47, 67, 73, 81, 82, 84, 85, 94, 98, 101, 102, 105, 119, 146

協力車……… 8, 12, 13, 16, 17, 40, 43, 51

久能文庫 ……………… 3

経済協力開発機構 ……………… 85

「けやきメッセージ」………… 17, 72

県議会………67, 85, 151, 166

研修………12, 19, 20, 21, 36, 39, 40, 43, 53, 57, 90, 91, 92, 93, 96, 107, 145, 153

県立図書館在り方検討会…………149

県立図書館サポーターネットワーク

………………………73, 165, 166

公民館……… 21, 28, 47, 48, 89, 106, 109,
112, 131, 132

公立図書館の設置及び運営に関する
望ましい基準…………31, 169, 170

国際子ども図書館 ………………77, 99

国立教育政策研究所…………98, 99

子育て支援 ………26, 104, 106, 109

子ども読書活動推進計画…………104,
107, 112, 138

子ども読書年…………………76, 77, 95

子ども図書研究室 ……78, 91, 94, 95,
96, 97

子どもの読書活動の推進に関する基
本的な計画……………………77

子どもの読書活動の推進に関する法
律 ……………………77, 169

コンプライアンス ………56, 57, 58, 59

【さ行】

佐久間町立図書館 …………………23
貞松修蔵 ……………………………4
サービス指標………38, 39, 64, 113, 159
滋賀県立図書館 ……………………60
市議会…………102, 112, 115, 120, 123
司書 ………7, 8, 41, 79, 80, 82, 83, 84, 87,
96, 97, 104, 106, 107, 111, 119, 125,
126, 130, 135, 138, 142, 144, 145, 166
司書教諭………77, 92, 93, 104, 105, 107,
138
司書資格……9, 10, 11, 12, 31, 108, 126,

145

司書の公募採用 ……82, 83, 84, 97, 126,
152

静岡県横断検索システム……… 50, 51,
55, 120

静岡県教育会附設図書館……………3

静岡県公共図書館振興対策基本事項
……………………… 35

静岡県子ども読書活動推進計画
……………………78, 91, 93, 104

静岡県読書活動推進会議…………88

静岡県図書館協会 ……1, 39, 49, 50, 51,
56

静岡県図書館大会……40, 52, 53, 54, 55

静岡県立葵文庫 ……………………3, 4

静岡市子どもの本を読む会… 73, 165

静岡市の図書館をよくする会……103

静岡市立御幸町図書館 ……29, 30, 48,
49, 144

市長 ………………………102, 106, 130

市町村立図書館支援……13, 36, 39, 40,
41, 42, 43, 47, 67, 73, 79, 82, 101, 149,
151, 152, 153, 162

指定管理者制度…79, 80, 101, 102, 103

児童サービス… 84, 95, 96, 97, 106, 120

指導主事………………………7, 8, 72

島田市子ども読書活動推進計画
………………104, 108, 110, 111

島田市立図書館 …………………48

「市民を元気にする図書館 7つの
提言」……………115, 116, 120, 125

収集方針 ……………… 36, 39, 74, 144

シュツットガルト市立図書館 …… 62

障がい者サービス ……… 11, 39, 44, 59, 106, 109, 137

条例未制定 ………… 14, 15, 37, 39, 131

職員派遣研修 …………………… 19

資料費確保 …… 34, 74, 75, 98, 99, 100, 107, 118, 124, 126, 152, 161, 167, 168

資料費削減 …… 64, 65, 74, 99, 162, 167

資料費増額 …………… 84, 95, 105, 167

資料保存 ……………… 36, 37, 58, 62

新県立図書館基本構想 ……… 63, 143, 147, 148, 149

振興係 ……… 13, 14, 15, 18, 40, 46, 113

人事交流 …………………… 20, 47, 48

新任図書館長研修 ………… 98, 99, 100

関口隆吉 …………………………… 3

全国図書館大会 ………………… 55

仙台市民図書館 ………………… 61

専任 …………… 46, 91, 116, 125, 126

総合計画 …………… 122, 123, 130, 149

総合的な学習の時間 ……………… 84

相互貸借 …… 12, 17, 26, 39, 40, 51, 120, 153

【た行】

確かな学力育成会議 ……… 84, 85, 87

龍山村立図書館 ……………… 21, 143

田原市図書館 …………………… 61

多文化サービス ……………… 59, 106

知事 ……3, 26, 71, 73, 74, 75, 82, 83, 151,

166, 168

地方教育審議会 ………………… 85

地方自治法 …………………… 10, 79

中央教育審議会 ……… 84, 85, 93, 98

調査研究 …… 35, 37, 65, 97, 149, 153, 162, 163

町長 …………………………… 44, 46

著作権 …………………… 39, 57, 99

著作権法 ………………………… 56, 57

ドイツ国立図書館 ……………… 62

徳川慶喜 ………………………… 2, 3

読書アドバイザー …… 89, 90, 95, 104, 110

読書活動推進会議 ……………… 88

読書グループ… 52, 54, 89, 95, 115, 126

読書県しずおか…… 55, 78, 84, 86, 87, 88, 89, 90, 91, 92, 93, 94, 95, 149

読書タイム ……………… 87, 90, 112

図書館協議会…… 15, 66, 67, 68, 69, 73, 75, 101, 102, 103, 105, 112, 113, 114, 115, 116, 117, 118, 119, 120, 121, 122, 123, 124, 125, 126, 128, 129, 146, 165

図書館空白地域…… 44, 45, 46, 113, 130, 131, 146

図書館建設 …… 3, 12, 43, 44, 46, 48, 49, 109, 120, 122, 129, 153

図書館視察 …… 59, 60, 62, 63, 147

図書館設置条例 …… 14, 46, 101, 112, 114, 116, 119, 131, 132

図書館友の会 ………… 115, 126, 147

図書館の自由に関する宣言 ……… 57

図書館の設置及び運営上の望ましい
　基準……………………… 115, 124
図書館の発見…… 21, 23, 25, 26, 30, 31,
　34, 60
図書館法…9, 10, 15, 57, 58, 66, 116, 120

【な行】

奈良県立図書館 ………………… 60
奈良先端科学技術大学院大学 …… 60
二重行政 ……………… 42, 43, 153
二線図書館 ……… 8, 35, 36, 37, 65, 153
日本国憲法 …………23, 31, 57, 58, 59
日本図書館協会 ……… 45, 53, 55, 169
ネットワーク…… 17, 50, 51, 52, 55, 60,
　121, 137, 166
年末年始開館………………………… 71

【は行】

働き方改革 …………………… 90, 112
パブリックコメント ………… 122, 146
ビジネス支援…………………… 30, 49
富士市立中央図書館……………… 19
ブックスタート ………………… 25
不登校対策 ………………………… 27
フランクフルト国立図書館……… 62
平成の大合併……… 8, 37, 46, 113, 131,
　132
細江町立図書館 …………… 18, 25, 26
ボランティア…… 49, 61, 78, 89, 90, 92,
　95, 96, 103, 108, 110, 116, 127, 128,
　130, 146, 164

【ま行】

牧之原市図書館協議会 …… 112, 116,
　118, 146
牧之原市立図書館 ……………51, 115
牧之原市立図書館基本計画…… 119,
　120, 121, 122, 123, 124, 125
牧之原市立図書館のあり方検討会
　………………………………115
牧之原市立図書交流館…… 125, 126,
　127, 128, 129, 142
牧之原市立文化の森図書館…… 130,
　131
南伊豆町立図書館 ……………… 28
民営化…………………………… 79, 103
民間委託………………………… 80
民と官との協働………… 119, 126, 129
文字・活字文化振興法 …………… 77

【や行】

ゆとり教育 ……………………… 84, 85
吉田町立図書館…… 11, 19, 44, 45, 113
読み聞かせボランティア…… 52, 55,
　78, 87, 89, 107
よも〜ね，マキノハラ …………127

【ら行】

竜洋町立図書館………………… 26
レファレンスサービス …… 37, 39, 40,
　41, 42, 51, 62, 63, 70, 80, 108, 114,
　123, 137, 142, 146, 153, 164
レファレンス支援 ……… 41, 43, 153

■著者紹介

鈴木　善彦（すずき　よしひこ）
1944 年生まれ
少年時代は読書とは無縁に山や川，田んぼや畑で終日遊ぶ
大学卒業後，静岡県立高校教諭（社会科）
県教育委員会にて障がい児教育，高校教育にかかわる
静岡県立中央図書館長（1998～2002），在職時に司書資格取得
静岡県教育長（2002～2006），在職時に「読書県しずおか」構想提唱，実施
静岡県立静岡文化芸術大学理事，在職時に学生たちの手作り絵本の読み聞かせ活動支援
現在，学校法人新静岡学園理事長，牧之原市図書館協議会長
著書　『しずおか発教育物語』（静新新書，静岡新聞社，2011），『牧之原「いこっと」誕生物語−民と官で開いた図書館の記録−』（共著，鈴木善彦・水野秀信，2024），絵本『よっちゃんちの子牛』（文・鈴木善彦，絵・鈴木朝恵，2002）など

◆JLA 図書館実践シリーズ　49

県立図書館長からはじまる図書館探究

2025 年 2 月20日　　初版第 1 刷発行©

定価：本体 1800円（税別）

著　者：鈴木善彦

発行者：公益社団法人　日本図書館協会

　　　　〒104-0033　東京都中央区新川1-11-14

　　　　Tel 03-3523-0811⒤　Fax 03-3523-0841

デザイン：笠井亞子

印刷所：㈱丸井工文社

Printed in Japan

JLA202432　　ISBN978-4-8204-2414-7

本文の用紙は中性紙を使用しています。

JLA 図書館実践シリーズ　刊行にあたって

　日本図書館協会出版委員会が「図書館員選書」を企画して 20 年あまりが経過した。図書館学研究の入門と図書館現場での実践の手引きとして，図書館関係者の座右の書を目指して刊行されてきた。

　しかし，新世紀を迎え数年を経た現在，本格的な情報化社会の到来をはじめとして，大きく社会が変化するとともに，図書館に求められるサービスも新たな展開を必要としている。市民の求める新たな要求に対応していくために，従来の枠に納まらない新たな理論構築と，先進的な図書館の実践成果を踏まえた，利用者と図書館員のための出版物が待たれている。

　そこで，新シリーズとして，「JLA 図書館実践シリーズ」をスタートさせることとなった。図書館の発展と変化する時代に即応しつつ，図書館をより一層市民のものとしていくためのシリーズ企画であり，図書館にかかわり意欲的に研究，実践を積み重ねている人々の力が出版事業に生かされることを望みたい。

　また，新世紀の図書館学への導入の書として，一般利用者の図書館利用に資する書として，図書館員の仕事の創意や疑問に答えうる書として，図書館にかかわる内外の人々に支持されていくことを切望するものである。

2004 年 7 月 20 日

日本図書館協会出版委員会

委員長　松島　茂

図書館員と図書館を知りたい人たちのための新シリーズ！

JLA図書館実践シリーズ 既刊40冊，好評発売中

(価格は本体価格)

1. **実践型レファレンスサービス入門 補訂2版**
   斎藤文男・藤村せつ子著／203p／1800円

2. **多文化サービス入門**
   日本図書館協会多文化サービス研究委員会編／198p／1800円

3. **図書館のための個人情報保護ガイドブック**
   藤倉恵一著／149p／1600円

4. **公共図書館サービス・運動の歴史1** そのルーツから戦後にかけて
   小川徹ほか著／266p／2100円

5. **公共図書館サービス・運動の歴史2** 戦後の出発から現代まで
   小川徹ほか著／275p／2000円

6. **公共図書館員のための消費者健康情報提供ガイド**
   ケニヨン・カシーニ著／野添篤毅監訳／262p／2000円

7. **インターネットで文献探索 2022年版**
   伊藤民雄著／207p／1800円

8. **図書館を育てた人々 イギリス篇**
   藤野幸雄・藤野寛之著／304p／2000円

9. **公共図書館の自己評価入門**
   神奈川県図書館協会図書館評価特別委員会編／152p／1600円

10. **図書館長の仕事** 「本のある広場」をつくった図書館長の実践記
    ちばおさむ著／172p／1900円

11. **手づくり紙芝居講座**
    ときわひろみ著／194p／1900円

12. **図書館と法** 図書館の諸問題への法的アプローチ 改訂版増補
    鑓水三千男著／354p／2000円

13. **よい図書館施設をつくる**
    植松貞夫ほか著／125p／1800円

14. **情報リテラシー教育の実践** すべての図書館で利用教育を
    日本図書館協会図書館利用教育委員会編／180p／1800円

15. **図書館の歩む道** ランガナタン博士の五法則に学ぶ
    竹内悊解説／295p／2000円

16. **図書分類からながめる本の世界**
    近江哲史著／201p／1800円

17. **闘病記文庫入門** 医療情報資源としての闘病記の提供方法
    石井保志著／212p／1800円

18. **児童図書館サービス1** 運営・サービス論
    日本図書館協会児童青少年委員会児童図書館サービス編集委員会編／310p／1900円

19. **児童図書館サービス2** 児童資料・資料組織論
    日本図書館協会児童青少年委員会児童図書館サービス編集委員会編／322p／1900円

20. **「図書館学の五法則」をめぐる188の視点** 『図書館の歩む道』読書会から
    竹内悊編／160p／1700円

図書館員と図書館を知りたい人たちのための新シリーズ！

JLA 図書館実践シリーズ 既刊40冊，好評発売中

21. **新着雑誌記事速報から始めてみよう** RSS・APIを活用した図書館サービス
    牧野雄二・川嶋斉著／161p／1600円
22. **図書館員のためのプログラミング講座**
    山本哲也著／160p／1600円
23. **RDA入門** 目録規則の新たな展開
    上田修一・蟹瀬智弘著／205p／1800円
24. **図書館史の書き方，学び方** 図書館の現在と明日を考えるために
    奥泉和久著／246p／1900円
25. **図書館多読への招待**
    酒井邦秀・西澤一編著／186p／1600円
26. **障害者サービスと著作権法** 第2版
    日本図書館協会障害者サービス委員会，著作権委員会編／151p／1600円
27. **図書館資料としてのマイクロフィルム入門**
    小島浩之編／180p／1700円
28. **法情報の調べ方入門** 法の森のみちしるべ 第2版
    ロー・ライブラリアン研究会編／221p／1800円
29. **東松島市図書館 3.11からの復興** 東日本大震災と向き合う
    加藤孔敬著／270p／1800円
30. **「図書館のめざすもの」を語る**
    第101回全国図書館大会第14分科会運営委員編／151p／1500円
31. **学校図書館の教育力を活かす** 学校を変える可能性
    塩見昇著／178p／1600円
32. **NDCの手引き** 「日本十進分類法」新訂10版入門
    小林康隆編著，日本図書館協会分類委員会監修／208p／1600円
33. **サインはもっと自由につくる** 人と棚とをつなげるツール
    中川卓美著／177p／1600円
34. **〈本の世界〉の見せ方** 明定流コレクション形成論
    明定義人著／142p／1500円
35. **はじめての電子ジャーナル管理** 改訂版
    保坂睦著／250p／1800円
36. **パッと見てピン！ 動作観察で利用者支援** 理学療法士による20の提案
    結城俊也著／183p／1700円
37. **図書館利用に障害のある人々へのサービス 上巻** 利用者・資料・サービス編 補訂版
    日本図書館協会障害者サービス委員会編／304p／1800円
38. **図書館利用に障害のある人々へのサービス 下巻** 先進事例・制度・法規編 補訂版
    日本図書館協会障害者サービス委員会編／320p／1800円
39. **図書館とゲーム** イベントから収集へ
    井上奈智・高倉暁大・日向良和著／170p／1600円
40. **図書館多読のすすめかた**
    西澤一・米澤久美子・粟野真紀子編著／198p／1700円